「ドラえもん」に学ぶダメな人の伸ばし方

5つのタイプ別に見る「人を育てる」テクニック

小林奨
Text by Sho Kobayashi

JN131976

彩図社

【はじめに】

『ドラえもん』は人を伸ばす教科書

「やる気がないのか、いつもギリギリまで仕事に手をつけない」

「指示を待たずに勝手に行動して、問題ばかり起こす」

「トラブルが起きると自分で解決しようとせず、すぐに他人を頼ろうとする」

あなたの周りに、そんな困った人はいないでしょうか。

注意をして行動を改めてくれればいいのですが、何度注意しても聞かなかったり、ちょっと注意しただけで落ち込んでしまったり……。どう声をかけていいのかわからなくなって、指導する側がストレスを感じてしまうこともあります。

本書は、そんな困った人をタイプ別に分け、『ドラえもん』のエピソードを教材にして、**「ダメな人の対処法と伸ばし方」を心理学的に解説**した本です。

なぜ、『ドラえもん』なのか。不思議に思った人がいるかもしれません。

『ドラえもん』は、日本人ならば知らない人がいない国民的なマンガです。連載がスタートしたのは1969年ですが、現在でもテレビアニメが放映されるなど、幅広い世代に愛されています。

しかし、本書で『ドラえもん』を取り上げたのは、それだけが理由ではありません。一番の理由は、この作品に**「より良い人間関係を形成するためのヒント」**が数多く隠れているからです。

『ドラえもん』に登場するキャラクターは、実は困った人ばかりです。

本書を手にとった方ならば、各登場人物の性格はよく知っていると思います。のび太君やジャイアン、スネ夫君が困った人であることに異論がある人はいないでしょう。

では、ヒロインのしずかちゃんはどうでしょうか。

「のび太君にも分け隔てなく親切にする、優しくて思いやりのある良い子」でしょうか。

もちろん、その見方は間違いではありません。しかし、原作をよく読むと、しずかちゃんにも「ストレスをため込んでしまう」「注意されるとすぐに落ち込む」「完璧を追い求めすぎる」などの問題があることがわかります。

ドラえもんも例外ではありません。のび太君を助けるために未来からやってきた彼ですが、同じく原作をよく読んでみると、「自分の価値観を他人に押しつける」「トラブルに直面すると人を頼れない」「ヘルプ（困っている人を助けてあげること）は得意だが、サポート（困っている人が自力で解決できるよう手助けすること）は苦手」といったことが原因で、問題を起こしてしまうことがありました。

『ドラえもん』という作品は、それぞれ違った問題を抱えた登場人物たちがときにぶつかり、ときに手を携えながら、ともに成長していく物語と読むこともできます。

のび太君たちはなぜうまくいったのか、もしくは、なにが悪くて失敗してしまったのか……。

各エピソードを心理学的に読み解くと、現実社会にも応用できる**「ダメな人の伸ばし方」**を知ることができるのです。

本書は、「のび太君タイプ」「ジャイアンタイプ」「スネ夫君タイプ」「しずかちゃんタイプ」「ドラえもんタイプ」の5つの章に分かれています。

それぞれの章には、そのキャラクターに関連した「ダメな人」（たとえば「ギリギリにならないとやらない人」なら「のび太君タイプ」の章）を収録しています。各項目は独立していますので、目次を見て、気になったところから読み始めるのもいいでしょう。

ただ、注意したいのが**「最初から、あの人は〇〇タイプだと決めつけてはいけない」**ということです。

たとえば「あなたの言うことなすことにいちいち口を挟んでくる部下」がいたとします。一見するとその部下は「ジャイアンタイプ」と言えそうですが、そう決めつけてしまうのは禁物です。

なぜならば「すぐに反論する」という表に出てくる行動は一緒でも、人によってその内面に起きていることは様々だからです。

その人が反論ばかりするのは、

- **こちらを怒らせて歓心を得たいから**（のび太君タイプ）
- **思いついたことはすぐに口に出さないと気が済まないから**（ジャイアンタイプ）
- **自分が「バカ」だと思われたくないから**（スネ夫君タイプ）
- **小さな問題でも見逃せないから**（しずかちゃんタイプ）

・自分の考えが正解だと信じて疑わないから（ドラえもんタイプ）

のいずれの可能性もあるのです。

人は意外なほど他人のことを見ていません。これは毎日いっしょにいる相手であっても同じです。

たとえば、**昨日、同僚がどんな色のネクタイをつけていたのか、覚えている人はほとんどいないでしょう**。上司が今日着ていたYシャツの柄ですら即答できる人は少ないと思います。

目に見えるものでもこうなのですから、**「相手の心の中」などそう簡単にわからない**のが当然です。こちらの思い込みから「相手に当てはまりそうな項目」だけを読むと、誤った認識を持つおそれがありますので、なるべくすべての章を読んでいただきたいと思います。

第一章から読み進めていくと、

「同僚のAさんは『ジャイアンタイプ』だと思っていたけど、本当は自分が『スネ夫君タイプ』だったから、喧嘩ばかりしていたのかもしれないな」

「私の子どもは『のび太君タイプ』じゃなかったのかも。本当は私自身が『しずかちゃんタイプ』だったから、子どもがぐうたらに見えたんだ」

といった**「自分自身も気が付かなかった自分の内面」**に気づくことができるかもしれません。

本書を読んで、「ダメな人を伸ばす方法」を身につけるのはもちろん、読んだあなた自身が周囲から愛される人になっていただければ幸いです。

「ドラえもん」に学ぶダメな人の伸ばし方　目次

【第3章】スネ夫君タイプの伸ばし方 121

【第4章】しずかちゃんタイプの伸ばし方……157

【第1章】

のび太君タイプの伸ばし方

飽きっぽい上にやる気がなく、計画性もないのでいつも追い詰められるまで仕事にとりかからない。何度注意してもなかなか行動を改めないため、指導する側はストレスを感じてしまう。そんなのび太君タイプにアプローチする際は、感情的にならず、彼らの「パターン」をみつけて、指示を与えていくことが重要になります。

【のび太君タイプの伸ばし方―①】

ギリギリにならないとやらない人

〜「テストにアンキパン」（てんとう虫コミックス2巻）より〜

「部下が仕事をしない」「子どもが勉強をしない」は、世の大人にとって永遠のテーマでしょう。いくら注意しても、ギリギリまで仕事や勉強に身を入れない人にはどうアプローチしていけばいいのでしょうか。その方法を知るには、のび太君の言動が参考になります。


「こまった。こまった。どうしよう」

のび太君は、やかんとまくらを持って走り回っています。

「あしたテストがあるんだ。国語と算数といっぺんに」

やかんとまくらは、

「まるで関係ないけど、つまり、それほどあわててるってこと」

だそうです（相変わらず、のび太君の言動は異次元ですね）。

何とかしてほしいと頼まれたドラえもん、しかし、

「せん風機で学校をふきとばしてしまおう」

「『動物ライト』で先生をゴリラに……」

などと、真面目に考えてくれません。

のび太君は、「こんどだけたすけて」と必死でお願いします。するとドラえもんは「アンキパン」を出してくれました。

このパンを使えば、ノートに書かれた内容をアッという間に覚えられます。

そこで算数と国語のノートと教科書とワークブックを**全部覚える**ことにしたのび太君。ノートをしずかちゃんに借りることにしました。

しかし、覚えることに自信があると言うのび太君をしずかちゃんは、

「クラスでいちばんわすれんぼのあんたが？　ホホホ」

と笑います（アニメ版のしずかちゃんしか知らない人には、彼女のこういう性格が意外に見えることでしょう）。

のび太君は**よせばいいのに電話帳の内容を覚えるなど、無駄なことをしてしまいます。**それに加えて、**おやつに草餅を食べてしまい、アンキパンを食べられなくなりました。**

おまけに家に帰ると、「母の日だから」ということで、パパがご飯を作って待っていました。そこでのび太君は、またも食事をとる羽目に。結局何も覚えていないうえに、満腹でアンキパンも食べられなくなってしまったのです。

それを見て怒ったドラえもんは、「なにがなんでも、ぜんぶ食べさせる」と言い、口の中に無理やり押し込みます。

結果、次の日の朝に食べ過ぎでおなかを壊したのび太君。また最初のページから覚えるために、アンキパンを食べ始めることになりました。

＊　＊　＊

アンキパン。

過去に商品化（暗記能力はありませんが……）もされているので、知っている方も多いのではないでしょうか。パンに写し取った内容をすべて覚えられるという夢の道具。試験前に1枚1000円でもいいから買いたいと思ったのは、きっと私だけじゃないはずです。

さて、このお話におけるのび太君の敗因は明らかに**「計画性の欠如」**です。

司馬理英子先生の書かれた『のび太・ジャイアン症候群』（主婦の友社）という本など

でも触れられておりますが、のび太君は明らかに「計画性」が足りません。
今回のアンキパンの話にしても、

・テストに備えて勉強をせず、前日になって慌てる
・しずかちゃんの発言にカッとなって、後先考えずに電話帳の内容を覚える
・アンキパンを食べる前に平気で草餅を食べてしまう
・事情を説明しないで、お父さんの作った料理を口にする
・どこを覚えるべきか考えもせず、やみくもにノートと教科書をパンに写す

……とまあ、ひどい有様です。

こうしたのび太君の行動は、いわゆるＡＤＨＤ（注意欠如・多動症）の特徴に似ていると言えるかもしれません。ＡＤＨＤとは、注意力が不足しており、思いついたら衝動的に行動してしまう発達障害のことです。ＡＤＨＤの方は、物事を計画立てて行うことが苦手な傾向があるため、「計画性がない」タイプにアプローチするときは、**「ＡＤＨＤの人やその周囲の人たちが行っている工夫」**を取り入れると、効果を発揮することがあります。

その工夫の具体的な例をいくつか挙げると……、

・目立つところにカレンダーを張り、そこに「いつまでに〇〇をやる」と書かせる
・具体的にどうすれば期日までに仕事が終わるのか、あるいはテストでいい点を取れるのかといった計画を一緒に考える
・不測の事態が発生した時（たとえば、突発で仕事が入った時など）には、どのように対処をするかを説明しておく（計画性のない人は、不測の事態に弱いことが多いため）
・優先順位を明確に紙に書いて、「上から順番に取り掛かってほしい」と説明する

などの方法があります。もちろん、ここで挙げたやり方がすべての人に効果があるわけではありません。計画性を持てない原因は人によって異なります。まずは**「その人の計画性のなさは、具体的にどこに原因があるのか」**ということを見定め、その原因に合わせたアプローチをしていくことが重要です。

ギリギリにならないと取り掛からない人を**「単に、ぐうたらした怠け者」と見るのか、「真面目に仕事はするが、見通しを立てることが苦手で困っている人」と見るのかによって、相手のイメージが大きく変わります。**「困った人」ではなく、「悩んでいる人」と見直すようにしていくと、その人のパフォーマンスをより引き出せるようになることでしょう。

【のび太君タイプの伸ばし方──②】

ぐうたらしてやる気を出さない人

～「タンポポ空を行く」（てんとう虫コミックス18巻）より～

注意すると、口では「ああ、わかりました」などと言うのですが、なかなか仕事や勉強に身が入らないという人がいます。そうしたタイプをやる気にさせるにはどうすればいいのでしょうか。その方法をタンポポに聞いてみましょう。

昨年までカブトムシを飼っていた部屋の中の水槽に、タンポポが入り込んでいるのをみつけたドラえもんは、それを見て感嘆の声をあげます。

しかし、のび太君は「すててこよう」とにべもない言い方をしました。止めるドラえもんに「たかがタンポポ」というのび太君。

「そういう考えはよくない！　たとえ草一本虫一匹にでも、愛する心を失ってはならない。

そうすれば自然と心がかよいあってゆたかな人間性が……」

ドラえもんはのび太君をそう諭しますが、理解してもらえません。そこで取り出したのが「ファンタグラス」というひみつ道具です。

これは、簡単に言うと周囲が「童話の世界」になる道具で、この眼鏡をかけると植物や動物が童話のキャラクターのように見えてきます。

ファンタグラスでタンポポを見て愛着がわいたのび太君、次第に大事に世話するようになります。しかし、タンポポとの仲が深まる一方、のび太君は「人間」とあまり遊ばなくなりました。野球に誘われても「行くもんか！　また、負けたらぼくのせいにするんだろ」と拒否するようになっていきます。

のび太君の努力のかいあって、水槽の中のタンポポはきれいに咲きました。

「ぼくもね、きみと話してる時が、いちばん楽しいよ」

とタンポポに語りかけるのび太君。さすがのママも、庭の隅で独り言ばかり言っているのを見て、心配し始めます。

「たまには、みんなと野球でもやったらどうだい」

見かねたドラえもんが声をかけました。

しかしのび太君は昼寝したまま、

「ぼくは、自信のないことには、手を出さないんだ」

「じゃ、自信のあることってなんだ」

「え～……。なんにもない」

と言って、動こうとしません。

それからしばらくして、タンポポはかわいい綿毛をつけました。

種子が次々と風に乗って飛んでいく中、

「いやだあ。いつまでもママといるんだあ」

とひとつの種子が、残っていました。

しかし、その種子もタンポポママの説得を受けて、ついに飛び立ちます。その種子の行方を犬に聞いて、追いかけたのび太君、見つけ出した種子に大丈夫かと聞くと、

「うん。思ったほどこわくない。きっと、どこかできれいな花をさかせるよ」

と力強く返答しました。

それを見たのび太君、野球をしているドラえもんを見て、

「ぼくも……、入れてもらおうかな」

と言います。

＊＊＊

さて、このお話は知る人ぞ知る名作です。

子どものころはのび太君のダメっぷりが嫌いでしたが、大人になってから見ると、彼の「ダメ人間でありながらも、何度もつまずきながら立ち直っていく人間らしさ」こそが、のび太君の魅力だと思うようになりました。

このお話から、カナダの心理学者、**アルバート・バンデューラの理論「モデリング」**について解説しましょう。

のび太君は、タンポポの世話をするうちに段々と自分の世界に引きこもってしまい、自分のやりたくないことには手を出さなくなりました。

ドラえもんからも、「たまには野球でもやったらどうだい」と言われますが、聞き入れません。しかし、最後には「タンポポの種子が母親から自立するところ」を見て、野球に入れてもらおうかと思い直すようになります。

このお話は「モデリング」の重要性を伝えているともいえます。

モデリングとは、簡単に言うと**「他者の姿を見て、その動作や言動を真似する」**ことです。モデリングによって何かを学びとることを「モデリング学習」と呼ぶこともあります。モデリングは、生まれてすぐ始まります。1歳になったばかりの乳幼児が、お父さんやお母さんの仕草を真似ようとしているのを見たことがあると思いますが、あれもモデリングの一種です。モデリングは生きていくうえで必要なスキルを身につけるために、非常に大切な能力です。子どもが自然と言語を学習するのも、これがあるからなのです。

このモデリングは、ぐうたらな人と接する場合においても重要になります。というのも、注意しても行動を改めない場合、その相手が「注意するこちら側」の行動をモデリングしているケースがあるからです。

いったいどういうことなのか、具体的に説明しましょう。

たとえば、**「親が自宅で率先して勉強する姿を見せると、子どもも勉強するようになる」**ということはよく知られています。

一方、野比家はどうかというと、のび太君のママは口では「勉強しなさい」と言いますが、彼女自身が勉強しているシーンが見られるのは、せいぜい大長編の『のび太とアニマル惑星』くらい。ママだけでなく、のび太君のパパや**ドラえもんですら家で勉強している**

シーンはなく、ほとんどゴロゴロしています。こうした家庭では、子どもから進んで勉強する環境は形成しにくいものです。だから、のび太君も「自分も勉強しなくちゃな」という気持ちにならないのでしょう。

職場にぐうたらでヤル気のない社員がいる場合も、同じことが言えます。何度注意しても改善しないのは、その社員はこちらの良くない行動をモデリングしているのかもしれません。そうした相手の行動を改善させるときは、**まず注意するこちら側が「望ましい行動」を見せることが重要**です。

熱意をもって仕事に取り組むことはもちろんですが、それ以外にもたとえば、

・業務時間外にも英会話や資格試験の参考書を読むなどして、スキルアップを目指す
・会議の席上などで、上司に対しても積極的に提案を行う

といった行動をとれば、好ましい「モデリング」につながることでしょう。

「他人を変えるにはまず自分を変えること」が必要なこともあります。相手のヤル気を伸ばすためには、まず自分が努力している姿を見せることも時には大切なのです。

【のび太君タイプの伸ばし方──③】

飽きっぽく集中力が続かない人

～「もりあがれ！　ドラマチックガス」（てんとう虫コミックス36巻）より～

ひとつのことが長続きせず、何をやっても３日坊主になってしまうという人は多いのではないでしょうか。自分自身がそのようなタイプだったり、もしくはそのような人に悩まされている、というのであれば「順化」を防ぐことが有効な手段になります。

「よく、そんなだらけていられるね」

いつものようにあくびをしながら、だらだらしているのび太君にドラえもんがそう声をかけました。

「そういうけどさ。感動できるような事件が最近、身近にあった？　平凡で、たいくつな毎日が、かぎりなくくり返されるだけ……」

などとライトノベルの主人公のようなことを言うのび太君（ドラえもんといつも一緒にいて、こんな発言が出ること自体、信じられません……）。

そこでドラえもんは「ドラマチックガス」を出します。これは「日常のなんでもない出来事を大げさに感じる」ようになり、「周りの人もそれに合わせて盛り上がってくれるガス」です。

さっそくそのガスを浴びると、ママがいつものようにお説教してきました。それを聞いたのび太君、

「心配かけて、ぼくは悪い子でした。今こそ、はっきりと目がさめました‼」

瞳を潤ませ、強い決意とともに叫びます。

それを聞いて、ママも親の成すべきことは、たんに子どもを「世話」することではなく、自立できるよう「育てる」ことだと気づいたのでしょう。のび太君になんと、「お花の先生のお宅にお使いに行く」という苦行を与えました。

その旅路は、「ドラマチックガス」の効果もあって、まさに鵬程万里《ほうていばんり》。

不吉な風は悪夢の予兆、苦難を覚悟し、少年は旅立ちます。

道中、最初に出会ったのは、後に運命を共にすることになる愛しき女性、源静香。

彼女に事情を伝えると、目の色を変えて引き止めてきました。

しかし、のび太君は「これが、男の生きる道だ！」と言い切ります。そして別れの前にお互いの気持ちを確かめ合い、風吹く道を１人突き進みます。

「お使い」の道は長く険しいもの。

道半ばに差し掛かった時、かの暴力と作話の化身、剛田武と骨川スネ夫が現れました。

お使いのために彼らの頼みを断ると、その本性をむき出しにして襲いかかってきました。

しかし、天はのび太君の味方です。運良く彼らの共通の恩師「先生」が登場し、窮地を救ってくれたのです。

苦労の末に到着した隣町。

「人を見たら泥棒と思え」

幼いころ、母親に言われたそんな言葉が彼の胸中にあったのかは定かではありません
……が、自らの響かす靴の音にすら注意を払い、彼は目的の女性を捜します。

そして長い苦難の道を乗り越え、ようやくお花の先生に届け物をし終えたのび太君。

彼女からの最大限の賛辞を受けて帰途につきますが、

「登山では事故の7割が下山時に起きる」

そんな話を知らなかったのでしょう。待ち伏せしていた剛田武と骨川スネ夫に出くわします。

心を踏みにじられた、と怒りを露わにする2人。のび太君は「お使いという大義」があったために、そうせざるを得なかったと事情を説明します。それを聞いて2人はのび太君と和解しました。そして、少年たちは夕日（まだ昼間でしたが、空気を読んでくれました）をともに眺めました。

長い旅を終え、家に帰り着いたのび太君。ママと感動の再会を遂げます。

そして、その感動を日記に刻みつけることに。

「きょうぼくは母のつかいでお花の先生の家へいってきた……」

と、そこで「ガス」の効果が切れ、「これだけのことだったかなあ」とのび太君はつぶやきます。

＊＊＊

……すみません。こちらもドラマチックガスの余波を受け、お話のあらすじをつい大袈裟に書いてしまいました。

さて、何をやっても長続きせず三日坊主になってしまうという人がいます。

そういう人には、ひょっとすると**「心的飽和」が早く訪れている**のかもしれません。

心的飽和というと難しく聞こえるかもしれませんが、簡単に言えば**「飽きてしまう」**ということです。「作業を続けられなくなる」のではなく、**「続けられるけれども、続けたくなくなる」のがポイントで、いわゆる「疲労」とは異なる心の動き**です（疲労の場合は、ここで書いているものとは別の介入が必要になりますので注意が必要です）。

心的飽和が起こる一番の理由は**「順化」、すなわち「慣れ」**です。単純作業を毎日繰り返していると、だんだん嫌になってきたという経験は誰もが持っていることでしょう。「心的飽和」は、単純作業であればあるほど起きやすいという特徴があります。

では、この心的飽和がすぐに訪れる人にはどう対処すればいいのでしょうか。

まず手軽にできる方法が、**「こまめに休憩をとる」**ことです。同じ作業を続ける場合、こまめに休憩をとれば気分転換をして仕事に臨むことができます。**「リラクゼーションの方法を教える」「ガムを噛む」**といった方法も同じ理由で有効でしょう。

「集中力がない」という人には、違ったパターンでの介入が効果を発揮する場合があります。集中力がない人の中には「自分は集中力がない人間だ」と思い込んでいるだけの人もいます。そうした人には、**「短時間でできる作業を与えて、少しずつ集中力をつけさせる」**というやり方も有効です。

また、シンプルですが**「別の仕事を与える」のもひとつの方法**でしょう。

こう書くと飽きっぽい人に新しい仕事を与えて大丈夫なのか、と不安に感じるかもしれませんが、勉強にたとえるとわかりやすいと思います。

たとえば……、

・1日1教科を6時間、6日勉強する
・1日6教科を1時間ずつ、6日勉強する

両者を比較した場合、効率がいい勉強法はどちらでしょうか。

おそらく、**ほとんどの人が後者の勉強法を実践した方が効率が上がる**と思います。

理由は、**「教科が変わる」ということによって「新しい刺激」を受けるため、心的飽和が起こりにくくなる**からです。今回のお話でも、のび太君は「ドラマチックガスを使って外出する」という「新しい刺激」を受けたために、退屈な日常を抜け出すことに成功しています。

ダイエットや勉強といった**「明確な目標がある課題」**に取り組む場合は、**「今までの経過を記録する」というやり方が意外な効果を上げる**こともあります。

人間は**「達成動機（物事を成し遂げようとする意欲のこと）」**を求める生き物です。そのため、**「自分がこれまで努力してきたこと」**を知ることは、達成動機を高めることになり、物事に飽きずに取り組めるようになります（以前「レコーディング・ダイエット」が大流行したのも、これが理由のひとつでしょう）。

「心的飽和」へのアプローチは、飽きずにやり遂げられるように「気分転換」や「刺激」、「達成動機」を与えることが基本になります。相手にあったアプローチを続けていけば、少しずつ三日坊主を改善させていくことができるでしょう。

【のび太君タイプの伸ばし方――④】

褒めるところが見つからない人

～「具象化鏡」（てんとう虫コミックス39巻）より～

ビジネス書には「部下を褒める」ことが重要だと書かれています。それは事実なのですが、実際問題として「のび太君タイプ」の上司としては、「褒めたいけど、褒める機会がない」と感じるのではないかと思います。そのような人への有効な声かけについて紹介しましょう。


いつものようにゴロゴロしているのび太君。それをみかねたドラえもんが「具象化鏡」を出しました。その瞬間、周囲に凄まじい流れが生じました。

「これは時の流れだ。きみがだらけている間にも時間は休みなく流れていくのだ」

と、のび太君を説教します。続けて勉強の大切さを伝えようとすると、

「勉強ならやったさ、めずらしく。きょうのテストにそなえて」

どうやら本当にのび太君は勉強を済ませていたようです。

しかし、肝心のテストの手応えはいまひとつだったらしく、具象化鏡を使うと辺りが暗くなりました。このように、具象化鏡には、「言葉上の表現を実際に見えるようにする」効果があります。

それを見て、面白いと思ったのび太君は具象化鏡を借りると、「勉強もしないで！　今学期の成績が楽しみね」とのママからの文字通り「耳の痛い言葉」に苦しめられながら、外に遊びに行きました。

表に出ると、出木杉君がしずかちゃんと楽しそうに話をしています。

それを見て「嫉妬の炎」で火傷しそうになり、さらに出木杉君と自分を比較したことで「絶望のどん底」に落ちてしまったのび太君、暗闇の中で「世の中まっ暗だァ!!」と叫びます。

そんなとき、先生が通りかかり、暗闇で騒いでいるのび太君に気がつきました。

「話がある」と言われて、憂鬱な気分になるのび太君。

「どうせテストが悪くて、おこるんでしょ？　いつだって正しいつもりの答えが、みーんなまちがってるんだもの」

と嘆くと、先生は、

「65点だ！　めずらしく勉強したな」

と褒めたたえます。

その一言にのび太君は「希望の光」を見出し、「天にも昇る心地」を味わいます。最後は「春の足音」がズシンズシンと響く音を立てるところで話が終わります。

＊　＊　＊

「うそつきかがみ」などもそうですが、時々ドラえもんの道具には「誰が何のために開発したのか、見当もつかないような道具」が出てきますよね。この「具象化鏡」もそのひとつではないかと感じます。


さて、この話で印象的なのが、先生の態度です。先生はのび太君のような「褒めにくいタイプ」であっても**少しでも進歩が見られたらしっかり褒めています**（ほかのエピソードでも、掃除をしているのび太君を褒めているシーンがあります）。

これは意外と難しいことです。自分や他人に厳しい人の場合はとくにそうなのですが、相手を褒めるときにはどうしても「絶対評価」になりがちです。たとえば、普段20点しかとれない生徒が次のテストで30点をとったとしても、ほとんどの先生がその生徒を叱りつけるのではないかと思います。

しかし、のび太君の先生は、**「小さな変化が見られたとき」**にもしっかり褒めています。冷静に考えれば、小学4、5年生のテストで65点はあまり高い点であるとはいえません。ですが、先生はそんな点数にも賛辞を贈り、算数の文章問題の途中式（のび太君はてんとう虫コミックス25巻で100点をとったことがありましたが、そのときは途中式も正確に書いていました）などを見て気づいたのか、のび太君が勉強していたという事実にも「珍しく勉強したな」としっかり評価を与えています。

この先生のように**「相手のちょっとした変化」を見逃さないと、褒める機会は自然に増えていきます**。

たとえば、子どもをお使いに行かせたとします。いつもと同じ食材を買いに行かせたのに、おつりが50円ほど多かったとしましょう。

そうした時に偶然と片づけず、「あれ、今日はいつもよりも安いんだね」と聞いてみてください。すると「うん！　安売りしている八百屋さんで買ったんだ！」といった、その子なりの工夫があったことがわかるかもしれません。

そんなときには、「ちゃんとお金のことを考えているなんて、えらいね」と**「なにがよかったのか」をはっきり示し、具体的に褒める**のです。そうすれば、子どもはきっと「がんばってよかった！」と思えることでしょう。

仕事についても同様です。

前回と同じ営業結果でも「以前より顧客への話し方がよくなったな」「商品の説明がうまくなったな」と、「変化」を見つけたら必ずそこを褒めるようにして下さい。そうやっていくと、少しずつ「褒める機会」が増えていくはずです。

ちょっとした工夫で、相手に与える影響は大きく変わります。褒める機会がないとお嘆きの場合は、まずは「相手の変化」を探してみましょう。

【のび太君タイプの伸ばし方――⑤】

何度も同じミスを繰り返す人

～「マッド・ウオッチ」（てんとう虫コミックス８巻）より～

人間、「同じことの繰り返し」というものは、嫌になってしまうものです。何度となく注意したとしても、なかなか行動を改めてくれないという場合は、叱る方法を変えてみると、叱る側にも叱られる側にもメリットが生じることがあります。

「よくうごく口だねえ。さっきからおんなじことばっかり。こういう苦痛な時間は、長あく感じるものだ。もうそろそろおわってもいいころだと思うけど」

いつものママの説教を聞きながら、のび太君はそう思っておりました。まだ15分しかたっていないと知ってうんざりしたのび太君は、お説教の最中、こっそりドラえもんに助けを求めます。そこでドラえもんは「狂時機《マッド・ウオッチ》」を取り出しました。これは

『周囲の時間の流れを変える』という道具です（後にてんとう虫コミックス34巻で、ドラえもんはこの道具を『どこかで落っことした』と言います）。

これを使い、**通常の20倍の速度でお説教を終わらせた**のび太君。しかし、「返せ」というドラえもんの動きを止め、勝手に持ち出してしまいます。

そして、しずかちゃんと一緒に遊ぶことになりました。

「時間はありあまるほどあるからね。その気になれば何日でも何か月でも」

というのび太君でしたが、

「トランプは？」

「ババヌキなら」

「オセロは？」

「勝ったことないもんな」

「レコード聞きましょうか」

「ぼくがもってるの、ピンポンパンとロンパールーム（時代を感じますね）」

という始末。あまりのダメっぷりに、

「あたしって時間をむだにすごすのが大きらいなの」

と言われてしまいます（これまたきつい一言……。デートでこれを言われたら、へこむでしょうね)。

そこで、のび太君は「もっとのんびりしよう」と時間の動きをゆっくりにしました。

そして、ピクリとも動かないしずかちゃんに見とれながら、のび太君は眠ってしまいます。

しばらくして目を覚ました後に時間を戻すと、外はもう真夜中ということに驚いて話は終わります。

＊　＊　＊

「マッド・ウオッチ」……。

この道具はドラえもんの道具の中では珍しく、ふたつの呼び名がある道具です。

何度も出てくる道具なのですが、そのたびに「マッド・ウオッチ」だったり「狂時機〝驚時機〟と書かれることもあります。私の手元にある単行本はこの表記です)」だったり一定しません。とりあえず本書では「マッド・ウオッチ」で統一します。

さて、のび太君のママは作中、何度ものび太君に説教をしていますが、見ての通り、**のび太君は「いやな体験をしている」としか感じておりません。**

しかも、毎回1時間もお説教が続くという状況に耐えかねております。「マッド・ウオッチ」で時間を倍速にしても問題がなかったことを考えると、ママはお説教の際、「一切、のび太君に口を挟ませず、一方的に叱っている」ことがわかります。

のび太君のママのお説教は、心理学的に見ると、はっきり言っていまひとつです。記憶心理学の世界では**「人間は嫌なことは早く忘れる」**とされています。

たとえば、職場でミスをして

「お前はやっぱりサラリーマンに向いていないな！」

と叱られたとしたらどうでしょうか。

「サラリーマンに向いていない」といった「人格を否定される」ようなことまで言われてしまうと、さすがにムカっときて、上司の悪口を言いながら大酒を飲んで、その日のことはさっさと忘れてしまおうと思うことでしょう。

では、同じミスをしたとして、

「君には才能があるから、次はミスをしないと思うよ」

と、「期待を受けていることを感じる」叱られ方をしたらどうでしょうか。きっとその日は残業してでも失敗を繰り返さないように対策を考えると思います。

叱られた後ののび太君の表情を見ると、ママのお説教は明らかに前者です。こうしたやり取りが繰り返されると、**「嫌なことは忘れよう」という心の動きが起こり、問題が改善されないばかりか、同じ失敗を何度も起こしてしまう**可能性が高いのです。

本来、説教の目的は「自分の怒りを鎮めるため」ではなく、「相手に同じ問題行動を繰り返させないようにすること」です。

そのため、のび太君のママのように感情的にまくしたてるのではなく、**具体的に何が問題であるかをまとめ、短時間で「どうしたら次回以降問題が起きなくなるか」を一緒に考えていく必要があります**。

たとえば、のび太君のような注意力に欠け、動機づけが低い子どもにテストでいい点を取らせたいのなら、勉強したら「勉強シール」を貼り、一定数になったらおもちゃを買ってあげるといった**「トークン・エコノミー法（行動療法と呼ばれる技法のひとつ）」**を導入すると大きな効果を上げることがあります。問題行動を改善させるためには、叱るだけでなく、問題行動を起こさないようにする仕組みをつくることも重要なのです。

これまでのことをまとめると、叱り方には2つのポイントがあることがわかります。

・相手に極端に不快感を生じさせない怒り方を行う
・解決に焦点を当てて説教を行う

この2点に注意していけば、ミスが繰り返されることが減っていくことでしょう。

……それにしても、小さい時にはそれほど気にしませんでしたが、大人になって改めて『ドラえもん』を読み返してみると、「のび太君の成績不振の半分は、母親に原因がある」と言える気がしてきました。

しかし、そのヒステリックなまでの教育ママっぷりが、結果的にのび太君の命を救ったこともあります（『大長編・のび太の宇宙開拓史』より。彼女がいなければ、のび太君は罠にかかって爆発に巻き込まれていました）。これもある意味では、皮肉なものだなと思います。

【のび太君タイプの伸ばし方――⑥】

努力を継続できない人

～「ありがたみわかり機」（てんとう虫コミックス19巻）より～

継続は力なり。使い古された言葉ですがなかなか実践するのは難しいもの。継続できないのはまだしも、何度も言い含めていたのに「そういえば忘れていました」と与えた課題をやってこない人もいます。そうした人を伸ばすには、「習慣化」がカギになります。

「ごちそうさま」

そう言って席を立とうとしたのび太君を、ママが呼び止めました。

「ママが小さかったころはね、日本が戦争に負けて、とてもひどいくらしだったのよ。おなかがすいても、食べるものがないの。ねえのびちゃん、もしごはんがなくなったらどうする？」

のび太君のお皿の上には、まだ料理が残っていました。ママはご飯のありがたみを（珍しく）優しく、教えようというのです。

どうするかと聞かれたのび太君、

「ママにつくってもらう」

「うちにお米がないとしたら？」

「パンを食べる」

「なんにもないの！」

「お店へ食べにいく！　おいしいラーメン屋があるんだよ。行こうよ」

と、どうもお説教の主旨を理解していないようです。そんなのび太君にママは怒って部屋を出て行ってしまいました。

それを見ていたドラえもん、

「はらぺこの苦しさは、けいけんしないとわからないからね」

と**「ありがたみわかり機」**を取り出します。これは**「ふだんなにげなく思ってる身のまわりのもののありがたみがわかる」**という道具です。

のび太君は、「食べ物」と言いながら「ありがたみわかり機」のボタンを押しました。

すると、そこから急に食べ物が遠ざかるようになります。

まず、ママからもらったおやつを食べようと思ったところ、転んで落としてしまいました。お腹が空いたのでラーメンを作ろうとしても、ストックはなし。何かを買おうにもお小遣いもありません。

仕方がないので夕食まで休んでいようとしましたが、ジャイアンがやってきて強引に野球に誘われます。しぶしぶ参加するとボールをなくしてしまい、ボール探しをさせられるはめに……。ようやく見つけたときには、夜も遅くになっていました。

ほうほうの体で家に帰ると、

「ごはんなんかかたづけちゃいました！　ねなさい‼」

とママはカンカン。ここでようやくドラえもんは「ありがたみわかり機」を解除します。すると、ママは「のびちゃん、おつゆがあったまったから、ごはん食べなさい」と夕食を出してくれたのでした（この時ののび太君のおいしそうな表情は、ファンの間では有名です）。

ようやく食べ物のありがたみがわかったのび太君。しかし、そうすると今度は口うるさいママがうっとうしく思うようになりました。そこで「ママのありがたみをしりたい」と「ありがたみわかり機」のボタンを押します。するとママは「急用でしばらく出かける」と家を出ていってしまいました。

＊＊＊

さて、今回は**学習心理学の「順化」の理論**についてもう一度説明しましょう。

順化というものは、簡単に言うと「刺激を繰り返し受けていくうちに、慣れてしまって刺激を感じなくなること」です。このエピソードでの「ありがたみわかり機」や他の巻に登場する「ハジメテン」は、まさに「順化」したものを消去する道具です。

第1章3節の「飽きっぽく集中力が続かない人」では、これを「人間が飽きる過程」として説明しましたが、裏を返せば「順化」は**「最初はつらかったり、忘れがちなことでも、毎日続けるとつらいと感じることも、忘れることもなくなる」**ことになります。

たとえば、毎朝、出勤する前に家の近所を散歩している人がいたとします。

朝に弱かったり、暑がり・寒がりだったりする人にとっては、そうした行動はかなりのストレスに見えるかもしれません。しかし、実際に散歩している人に「つらくはないか」と尋ねても、きっと「いや、別に。これが日課だから」と答えるはずです。

もっと身近な例を挙げれば、ヒゲ剃りもそうです。男性は毎日のようにヒゲを剃っていますが、考えてみれば自分の肌に刃物を直接当てるというのは、ずいぶん危険な行為です。しかし、ヒゲ剃りを怖いと思う男性はほとんどいないでしょう。これらの例からわかるように、**人間は「習慣化」したものは、ストレスなく続けられる**ものです。

具体的にどう習慣化させるのか、ダイエットを例に考えてみましょう。たとえば、ここに体重に悩んでいる人がいるとします。次の２つのうち、効果がより高いのはどちらでしょうか。

・５キロ痩せるために、毎日運動する
・５キロ痩せるために、仕事終わりに毎日10分のウォーキングをする

この２つを比較した場合、後者の方がダイエットの成功率は高くなります。

前者の方法は、運動の基準があいまいで、**「習慣化された行動」がありません**。そのため、ダイエットが終われば、運動の量がもとに戻ってしまい、リバウンドしてしまうおそれがあります。

一方、後者の方法では、「毎日10分のウォーキング」と行動基準がはっきりしています。**基準がはっきりしていると習慣化されやすい**ため、５キロの減量に成功した後もウォーキ

ングを続ける可能性が高まります。リバウンドの確率も低くなるでしょう。

これは仕事でも同じです。

「継続した努力ができない」ことで悩んでいる場合は、「習慣」を身につけることが重要です。

たとえば、資格試験の勉強を続けられない部下がいたとして、闇雲に叱咤激励するばかりではあまり効果はあがりません。そうした部下には、「自宅でもやれるような簡単な課題を少しずつ与えていく」、「業務時間外に10分でいいので自主勉強の時間を設定する」といった方法で、**まずは「勉強する習慣を作らせる」ことが一番の近道**なのです。

「結果を急ぐ」のではなく、「結果を出しやすい体質を作る」。

それが「継続した努力」への近道なのです。

【のび太君タイプの伸ばし方——⑦】

人のいうことに耳を貸さない人

～「ぼくよりダメなやつがきた」（てんとう虫コミックス23巻）より～

「のび太君タイプ」の人は、こちらが注意をしてもなかなか耳を貸さないことがよくあります。そうした相手には、むやみに注意をするよりも「相手の価値観に合わせた」声かけをすると、問題行動を改善させるうえで大きな効果を上げることがあります。

「ただいま‼」

元気いっぱいに叫んだのび太君。クラスに転入生がきたことを喜んでいるようです。

なぜ嬉しいかというと、

「ぼくさ、５回に１回ほどのわりで０点とるだろ。ところがその子、10回に３回のわりで０点だって。かけっこもぼくよりおそいし、もちろんさかあがりもけんすいもできないし……。ああなんてすばらしいことだろう。この世にぼくよりダメな子がいたなんて‼」

とのことです（これは心理学的には『**下方比較**』と呼ばれるものです）。

その新入生の名前は多目《ため》君。のび太君は彼と一緒に宿題をすることになりました。

「ちがうよ、きみの答え。こまるな、こんなかんたんな問題をまちがえちゃ」

のび太君は得意げです。

しばらく勉強した後、のび太君はまだ勉強中の多目君の手を強引につかんで外で遊ぼうと誘いました。そしてかけっこやゲームをやって彼に勝利すると、

「それからゲームをしたんだけどさ。ぼくのほうがどうしても勝っちゃうの。アハアハアハ……」

と家族に自慢しました。

のび太君は多目君に、一緒に0点を取ったり忘れ物をするという「協定」を持ちかけます。しかし、「ぼくはできれば100点とりたいし、忘れ物もしたくない」と多目君に断られてしまいました。

それを聞いて「生意気だ」と憤るのび太君。ジャイアンたちから野球に誘われると、多目君に役割を押しつけました。

「どんなゲームになるやら。想像するだけで笑っちゃうよ、アハハハ」

そう言って笑うのび太君を見て、ドラえもんは「配役入れかえビデオ」を取り出します。

これは「だれかの行動を別のだれかと入れ替えて、再現する」という道具です。

のび太君のここ最近の行動を記録していたというドラえもん。「配役入れかえビデオ」を使い、**「のび太君」を「スネ夫君」に、「多目君」を「のび太君」に入れ替えて、再現し**ました。それを見て、のび太君は自分が多目君にスネ夫君と同じ「嫌な行動」をとっていたことに気づき、反省しました。

そして、多目君がジャイアンとスネ夫君に殴られそうになっているところを、

「多目くんをすいせんしたぼくの責任だ」

と代わりに殴られます。

それからしばらくして、多目君はまた転校することになりました。

彼は別れ際に、

「いままで、きみほどなかよくしてくれた友だちはなかった。勉強やスポーツをいっしょにやってくれたり、ときにはいじめっ子からかばってくれたり……。きみのこと忘れない」

と涙ながらに感謝の言葉を述べて、立ち去ります。

＊＊＊

この話を「『ドラえもん』のなかで一番好きな話」に挙げる人も多いでしょう。

さて、このお話でのび太君は、

「自分では親切なつもりだけれども、客観的に見ると非常に他者軽視な行動」を取っていました。

その行動を改めさせるために、ドラえもんがとった行動は非常に効果的なものでした。

おそらくのび太君に、

「きみがとっている行動は、多目君を不愉快にさせているだけだと思うよ」

と直接言っても、きっと気づいてもらうことは難しかったことでしょう。

多少回りくどいやり方になりましたが、「役割入れ替え機」を使い、「のび太君にとって『嫌な存在』であるスネ夫君に自分と同じ行動をとらせる」ことで、のび太君に自分がやっていたことはまずかったと気づかせることができました。

このような **「相手の持っている『文脈』に沿ったかたちで話をすること」** は、特に話を聞きたがらない人に有効です。

「話を聞きたがらない人」と接する最たる例はセールスだと思いますが、腕のいいセールスマンは『文脈合わせ』が非常に巧みです。

たとえば、あなたが有機野菜の訪問販売を行っていたとします。

しかし、担当エリアの主婦の多くが、

「有機野菜は高いから買いたくない」

という「文脈」を持っていたとしましょう。

そういう相手には、どのようなセールストークをすればいいでしょうか。

「有機野菜はたしかに高いかもしれません。しかし、スーパーで売っている野菜よりも新鮮ですし、安全性も高く……」

などと、商品の特徴を並べたてる方法をとっても、**「相手の文脈」に沿った会話にならないため、効果が薄い**ということはわかると思います。

それでは角度を変えて、

「一見、高く見えるかもしれませんが、実はうちの有機野菜はスーパーの野菜を買うよりも、ずっと安いのです。弊社と半年間契約をしていただければ、ダイコンは1本○○円でお買い求めいただけます」

と、話を振ったらどうでしょうか。

「価格」の話は、「有機野菜は高いのではないか」という主婦の文脈に沿うものです。やみくもに商品の特徴を説明するよりも、おそらく**相手はずっと興味を持つはず**です。

このように、こちらが忠告してもなかなか言うことを聞かない相手には、**「その人が大切にしているもの」**、あるいは**「その人の趣味」などに例えて話をする**と有効です。

「文脈合わせ」をうまく行うと、「言葉が通じるのに話が通じない」という『ミノタウロスの皿』状態にならずに済みます。相手もこちらの言うことを徐々に受け入れていくようになることでしょう。

【のび太君タイプの伸ばし方──⑧】

口ばかり達者で行動に移さない人

～「のび太もたまには考える」（てんとう虫コミックス34巻）より～

どんなにわかりやすく説明しても「でも、◯◯だしな……」などと言っていつまでも行動に移らない。そんな「アドバイスしがいのない人」というのは、けっこういます。そうした人にうまくこちらの意見を伝えるにはどうしたらいいのでしょうか。その方法を紹介しましょう。

「ア～～。破滅だ、おしまいだ‼」

ここ最近、テストで悪い点ばかりとっているのび太君。

「もし今度0点だったら幼稚園にかえすと先生がいうんだよ」

と悩んでいます（**こうした発言は非常に危険**です。普通の子はもちろんですが、とくに話を真に受けやすいタイプの子どもの場合には、**この言葉を額面通りに受け取って最悪の**

結果が起きかねません……、というよりも作中でも実際に最悪の結果が起こりかけました。詳しくは、第1章10節を読んでください）。

しかし、「がんばってちょ～だい」と冷たいドラえもん。

「ぼくがこんなに悩んでるのに」と怒ると、

「悩んでる……？　いや、悩んでなんかいないね、たんに甘ったれてるだけだ。いっぺんでいいから本気で悩んでみろ‼　自分というものをしっかりみつめろ」

と逆に叱られてしまいました。

それを聞いたのび太君、

「ようするにたすけてくれないってことね」と言って自分で勉強しようとします。

……しかし、そこにママがやってきて電球を買ってくる用事を言いつけます。勉強中だからとドラえもんが代わりに行こうとしますが、「おつかいさせるのも教育のひとつです！」とそれを許しません。

そこでドラえもんは「どこでもドア」……ではなく、なぜか「能力カセット」という道具を取り出します。これは「いろんな人の能力がカセットになっていて、それを体に取り込むと、一時的にその能力を受け継げる」という道具です（ちなみに近年放送されたアニメでは、時代を考慮してか『能力ディスク』になっていました）。その中にあった「マラソン選手」のカセットを使い、早々とお使いを済ませたのび太君。ほかにもテープがあったことを思い出し、「ほ〜ら、数学者のテープがあった」と取り出します。

「そんなものにたよらずに、勉強しろなんていうんだろうけど、ぼくは使うからね。ほらほら使うぞ」

と挑発しますが、ドラえもんは珍しく何も言いません。

いつものように調子に乗り、テープを全部持って遊びに出かけたのび太君を見て、

「とめるべきだったかしら……。いやどうせとめてもむだだったろうな……。なりゆきをみまもるしかあるまい」

と、ドラえもんはつぶやきます。

一方その頃、のび太君はカセットのおかげで大活躍。帰宅後、のび太君はそれを自慢気にドラえもんに語って聞かせましたが、

「ぼくなんかいなかったほうが……、きみのためにはよかったかもしれない」

と言うだけで、カセットを取り返そうとしませんでした。（昔から「ドラえもんがのび

太君をダメにしている」という人はいますが……、原作では、ドラえもん自身もそう悩んでいたんですよね)。

その後ものび太君の活躍は続きますが、最後に「考える人」のテープを見つけます。

それを使ったのび太君はロダンの『考える人』の姿勢で、

・今までの活躍は全部カセット任せだったこと
・ドラえもんが自分のことをあきらめちゃったのかもしれないこと

について考えます。そして、

「ドラえもんともいつかは別れの時がくる……。いつまでも子どもじゃいられないものな……。わかってるんだよ、このままじゃいけないってことは……。しかし、何度決心しても、ズルズルと元へもどっちゃうんだよな……。**でも、やっぱり努力はしなくちゃいけないんだよな。あきらめずになな**」

そう言って自分からカセットを返しました。

＊＊＊

世の中には、どうアドバイスをしてもなかなかわかってくれない人がいます。

たとえば、次のような仕事に関する相談を受けたとしましょう。


「最近、転職しようかどうしようか悩んでるの」

「だったら、上司に相談してみれば？」

「うん。でも、上司は絶対止めるだろうし……」

「じゃあ、人事に聞いてみれば？」

「それもいいけど、人事に知り合いがいないし、話すのも苦手だから……」

「家族に相談はしてみた？」

「ううん。今、お母さんは病気だからそんなこと言えないよ……」

「じゃあ……、仕事を続けていくしかないんじゃない？」

「それも考えたけど、やっぱりもっと向いた仕事があるんじゃないかと思って……」


こちらが真摯に応えるほど、堂々巡りに陥っていく。こんな経験をしたことがある人もきっといることでしょう。

このようなやり取りが繰り返されると、相手は、

「どうせ私の悩みなんて誰にもわからないんだ」

となり、こちらは逆に、

「なんでこの人は、何を言っても聞いてくれないんだ」

とイライラしてしまいます。

このように「はい、でも……」と繰り返す交流パターンはカナダの精神科医、**エリック・バーンの交流分析の理論でいうところの「Ｙｅｓ‐Ｂｕｔゲーム」**と呼ばれるものです（ここでいう「ゲーム」とは、**「その人がなぜか行ってしまう、非生産的な交流」**のことです）。

のび太君も「Ｙｅｓ‐Ｂｕｔゲーム」の典型的な実践者で、どんなにドラえもんが励ましても、

「うん。けどさ……」

といった形で楽をする方法ばかりを考えています。

しかし、ゲームが繰り返されると、結果的にお互いに悪い気分（これを「ラケット感情」といいます）が生まれるのは、「仕事に関する相談」の例でもわかると思います。

こうしたゲームを行う相手に対して重要なのは、**「今までと違う交流パターンをとる（つ**

まり『ゲーム』を終わらせる）」ことになります。

ゲームを終わらせる方法はいくつもありますが、代表的なのが「こちらが提案して、相手が否定する」パターンをやめて、「相手に判断させる」方法でしょう。今回のお話でも、普段はゲームにつきあっているドラえもんが、「成り行きを見守るしかあるまい」と思い切ってのび太君を突き放しました。その結果、のび太君は自分で考えることをし、**「自分でやるしかないんだ」と努力することの重要性に気が付いています。**

先ほどの「仕事に関する相談」の事例でも、

「じゃあ、あなた自身はどうすればいいと思う？」

と聞けば、今後の身の振り方について、自分でいいと思う方法を考えるはずです。

このように、**相手の『ゲーム』に巻き込まれない**ことを心がけると、少しずつ相手の「でも」が減っていくことでしょう。

【のび太君タイプの伸ばし方―⑨】

ぐずついてこちらをイラつかせる人

～「ぼくの生まれた日」（てんとう虫コミックス２巻）より～

なぜかグズグズしていて、まるでこちらが怒るのを待っているんじゃないかと思うような人がいます。実はそんな行動は、幼少期からの交流パターンが原因で起きているのかもしれません。どんな感情を持てば、相手はより良い方向に育つのか。その方法をみてみましょう。

毎日毎日、勉強しろと同じことばかり言うお母さんに対して、のび太君は反発しました。

「じゃあ、ほっとけば自分からやる？」

ママがそう聞くと、のび太君は「もちろんです‼」と答えます。

しかし、直後に（よせばいいのに）両親の前でこれから遊びに行くと宣言したのび太君。

当然ですが、パパとママは一緒に叱りつけました（そもそも両親が一緒になって叱ると、子どもの感情の行き場がなくなるので、教育心理学的によくないのですが……）。

よほどひどい叱られ方をしたのでしょう、のび太君はおおいに落ち込み、「ぼくはこの家のほんとの子じゃないんだ。どこかでひろわれたんだ」と言い出しました。ドラえもんは笑って否定しますが、「ほんとの子なら、あんなひどいおこられかたしないよ。ああ、ぼくのほんとのお母さま‼　どこにいらっしゃるのかしら」と聞きません。そこでドラえもんは「タイムマシン」でのび太君を彼の生まれた日につれていくことにしました。

部屋ではスーツ姿ののび太君のパパが、落ち着かない様子で走り回っていました。どうやら赤ん坊が生まれたと聞いて、会社を早退したようです。

ドラえもんが「（お母さんは）入院してるんじゃないの」とアドバイスすると、パパは大急ぎで病院に駆けつけました。そして赤ちゃんののび太君を見て、「ウッヒョー。なんてまあ、かあわいい」と、大喜びします（この時に**のび太君はわざわざ『しわくちゃじゃんか、まるでサルみたい！』と、自分のことであるにも関わらず非難**してしまい、怒りを買います……）。

パパは赤ん坊に「のび太」という名前をつけました。「健やかに大きく、どこまでも、のびてほしい」という意味です。

そしてお母さんと「きみににたら、成績優秀うたがいなし！」「あなたににたら、運動ならなんでもこいのスポーツマン」と楽しそうに話をしております（ここで、わざわざドラえもんは『両方の悪いとこににちゃったんだな』と、のび太君に嫌味を言います……）。

「学者になるかな、政治家になるかな」

「芸術家もいいわね、絵でも彫刻でも音楽でも」

最後に（おそらく）パパが、

「なんでもいい。社会のために役立つ人間になってくれれば。思いやりがあって勇かんで、明るく男らしくたくましく、清く正しく美しく……」

と言います。

のび太君は「ぼくのしょうらいを、あんなに楽しみにしてたのか」と思い、急に勉強をし始めました。

＊　＊　＊

この話は、「さようなら、ドラえもん」、「帰ってきたドラえもん」、「おばあちゃんの思い出」、「がんばれ！　ジャイアン‼」、「のび太の結婚前夜」と同じく、映画として公開もされていたので知っている方も多いのではないかと思います。
原作はわずか10ページの話ですが、この中に人を伸ばす重要なヒントが隠れているのが、おわかりになると思います。

まず、冒頭ののび太君。彼はまるで「怒ってください」といわんばかりの行動をとっています。

これは、前節の「口ばかり達者で、行動に移さない人」で取り上げたバーンの交流分析の世界で**「愚か者ゲーム」と呼ばれている言動**といってもいいかもしれません。
「愚か者ゲーム」とは、簡単に言えば**「自分はダメな人間であり、周りの人から怒られるべき人間である」と思い込んでいる人が、無意識のうちにそれを証明しようとして行っている交流**を指します。

みなさんの周囲にも
「ごめんなさい！　得意先を怒らせてしまいました！」
「え？　この間の会議資料？　あ、ごめん。まだ見てないや」

など、「こいつ、わざとやっているだろ?」と思うような部下や同僚、上司はいないでしょうか。ひょっとすると彼らには「自己確認」と「ストロークを求めたい」という欲求があるために、無意識に人を怒らせるような言動をとっているのかもしれません。

なぜ、彼らがそういう行動をとるのか。その理由を考えるとき、のび太君の状況が参考になります。

のび太君は小さい頃からガミガミと一方的に怒られています。そうした状況が続くと、「自分はダメな人間だ」という自意識が芽生えるおそれがあります。その自意識が生じると、「愚か者ゲーム」を通じて「自分がダメ」なことを確認しつつ、「叱られる」ことで他人の歓心を得ようとするのです(専門的にはこれを「負のストローク」といいます)。

では、このような特徴の人と接する場合、どうアプローチすればいいのでしょうか。

まずは、相手が「自己確認」と「ストロークを得たい」という欲求を持っていることに気づくのが第一歩です。そのうえで、相手に**「愛情・承認」(交流分析の理論では「正のストローク」にあたります)を与える**方法が有効です。

今回のお話では、のび太君は叱られた直後に「遊びに行く」と宣言したり、赤ん坊の誕生を喜ぶパパの前で「サルみたい」と言うなど、人を怒らせるような言動ばかりとっていました。

しかし「なんでもいいから、優しくて思いやりのある子に育ってくれればいい」という両親の思いを知って、（ほんっとうに）珍しく自発的に勉強を始めました。「愛情と承認」を与えられたために、自分から「愚か者のゲーム」を終わらせたのです。

この「正のストローク」は、職場でも応用できます。

たとえば、部下が仕事を必要以上に時間をかけて終わらせたとします。そうした時はむやみにしかるのではなく、**「条件をつけた褒め方」以外のやり方で褒める**ようにします。

「条件をつけた褒め方」というのは、**「営業ノルマを達成した」「いい点数をとった」など、相手の出した結果を褒める**やり方です。そうではなく、**「時間はかかったが、最後までよくやり通したな」「大変だったが、よくがんばったな」など、条件をつけない褒め方をするる**のです。

条件をつけない褒め方というのは、有り体にいえば**「あなたがいてくれると、それだけでうれしい」**といった意味合いです。その点を意識して褒めると、相手は自分が「承認」されたと感じ、自然とゲームも減っていくことでしょう。

ただし、この方法を実践するにあたって、注意したいことがあります。

それは「自分の部下や子どもならば、これくらいはやって当然」などと、**相手に過剰な期待を押しつけない**ということです。

過剰な期待を押しつけられると、部下や子どもは自分の限界を超えても努力を続けることになり、結果的に悪い影響を及ぼすことがあります（実際、今回の話でものび太君は猛烈に勉強するあまり、両親から体を壊すのではないかと心配されていました）。

部下や子どもは、自分自身とは違います。どのように伸びていってほしいのか、過剰な期待を押しつけるのではなく、じっくりと向き合っていただきたいと思います。

【のび太君タイプの伸ばし方――⑩】

考え方がネガティブな人

～「しずちゃんさようなら」（てんとう虫コミックス32巻）より～

抑うつ的になりやすい人は、多くの場合「不合理な認知」というものを持っています。「不合理な認知」にはいくつも種類がありますが、今回はそのなかでもよく使われる「過度の一般化」について説明しましょう。

ある日、のび太君は帰ってくるなり、「しずかちゃんと別れる」と言い出しました。驚いたドラえもんが理由を聞くと、学校で先生に、

「**そんなことじゃろくなおとなになれんぞ‼　先生は断言する**」

と叱られたからだといいます（このような発言が厳禁なのは、前述しました。本編を見ればその理由が実によくわかると思います）。

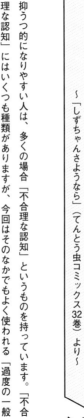

先生の言葉を真に受けたのび太君は、

「ぼくなんかのおよめさんになれば、しずちゃんは一生不幸に……」

と考え、別れを決断したと言うのです。

のび太君は「しずかちゃんとのあらゆるつながりを断ち切ろう」と、借りていた本を返しにいきました（こうした行動は**典型的な『自殺のサイン』**です。**現実にこのような行動をとる人がいた場合、十分に注意してください**）。

応対してくれたしずかちゃんのママに、

「しずちゃんにさよならと伝えてください」

などと言い残します。それを聞いたしずかちゃんが心配して追いかけてくると、「そうだ、嫌われればいいんだ」と、スカートをめくって追い返してしまいます。

その後姿を眺めながら「これでいいんだ……」とつぶやくのび太君、ちょうどそこを出木杉君が通りかかりました。

「きみはいいやつだ。きみなら幸せにできる。しずちゃんのことたのんだぞ‼」

のび太君はそう言って、泣きながら出木杉君にしずかちゃんのことを託しました（嫉妬ばかりしてますけど、本心ではのび太君も出木杉君を認めているんですね）。

そのことを伝え聞いたしずかちゃんは、心配になってのび太君を探しに行きます。その

道中、

「のび太もかわいそうに。先生に残されて、ひどくしかられてたからな。あれだけいわれれば、世の中いやになるよな」

「ぼくなら死にたくなるね」

などと話すジャイアンとスネ夫君に会い、のび太君の希死念慮《きしねんりょ》を疑ったしずかちゃんは、急いでのび太君の家に向かいました。


確実に嫌われたいと思ったのび太君は、ドラえもんに「ムシスカン」という「飲むと確実に周囲に嫌われるクスリ」を出してもらいます。

それを大量に服用すると、ドラえもんをはじめ、周囲にいた人たちが「そばにいるのも嫌だ」と次々と逃げ出しました。

クスリを飲み過ぎたせいか、のび太君は気分を悪くして、倒れこんでしまいます。意識が朦朧とする中、手を差し伸べる人がいました。しずかちゃんです。

しずかちゃんは必死でのび太君を助け起こすと、クスリを吐き出させました。

「そんなに心配してくれたの、ぼくのこと？」

と言うのび太君。しずかちゃんはそれを聞いて、

「あたりまえでしょ!!　お友だちだもの!!　あなた弱虫よ!!　先生にしかられたぐらいで……」

とめちゃくちゃに叱ってくれました。

のび太君はその姿を見て、しずかちゃんに嫌われるのはまたの機会にすることにしました。

＊＊＊

「薬を過剰服薬して、大変なことになる」

ドラえもんではよくあることですが、この話は他のエピソードとは違い、

「冗談抜きに、オーバードーズによって瀕死状態になる」

というシリアスなものになっております。

さて、今回の話を見ていただければわかると思いますが、のび太君は先生から、

「今の成績と授業態度を続けているとろくな大人にならない」

という趣旨の発言をされました（あのスネ夫君が同情するくらいですから、相当にひど

い怒られ方だったのでしょう)。

のび太君はそれを真に受け、「しずかちゃんと路頭に迷う姿」を想像してしまいます。このように、**「断片的な物事を一般的な真実と感じてしまうこと」を「過度の一般化」と呼びます**。

「過度の一般化」は現実の世界でもしばしば起こります。よくある例としては、

・一度失恋したことで「自分は異性に好かれない人間なんだ」と思う
・職場で自分の陰口を一度聞いただけで「私はみんなに嫌われているんだ」と思う
・3回に1回コンペに落ちるだけなのに「俺はいつも失敗ばかりする」と思う

このような考えを持つようになると、抑うつ状態になりやすくなります(のび太君を見れば、わかりやすいでしょう)。

では、「考え方がネガティブ」な人には、どのように接すればよいのでしょうか。

まずは、**「その人が悩んでいることをしっかり受け止めること」**が重要です。

今回のお話では、ドラえもんは最後までのび太君の悩みを軽く聞き流していました。そうしたやり方では、事態は好転しません。その人が何に悩んでいるのか、どんなことで気

分が落ち込んでいるのか、考えることが必要です。

その後、**「過度の一般化」に対する「新しい認知」を与える**といいでしょう。

今回のお話を例に挙げると、のび太君は先生の発言を受けて、将来を悲観していました。

そのショックだった気持ちを受け止め、十分に話を聞いた後で、

・先生に言われたからといって、必ずしもそれが実現するとは限らない
・先生はたまたま機嫌が悪かっただけで、本気でのび太君の悲惨な将来を予言したわけではない

といった「新しい認知」を与えれば、のび太君の気持ちを和らげることができたことでしょう。

「物事に対するとらえ方」を変えることができると、たとえ状況は変わらなくとも、ネガティブな考え方を少しずつ変えることができます。

「過度の一般化」はちょっとした見方の変化で解消されることがあります。ネガティブな考えの人が周りにいるならば、一緒に新しい「ものの見方」を考えてみてはいかがでしょうか。

【第2章】

ジャイアンタイプの伸ばし方

基本的にわがままで、自分の気持ちを一方的に押し付けてくることが多いこのタイプ。一見すると攻撃的で、イライラしていることが多いため、周囲は腫れ物に触るように接している場合もあります。そうした相手には「スキル」としてのコミュニケーションの方法を伝えると、うまくいくことがあります。

【ジャイアンタイプの伸ばし方──①】

明らかに適性のないことに挑戦する人

～「キャンディーなめて歌手になろう」（てんとう虫コミックス8巻）より～

サラリーマンは仕事を選べません。そのため、ときには「こいつ、適性のない仕事についたな」と思ってしまうこともあります。そのような相手と接するときは、まず「レッテル」を外し、「能力のばらつき」を見てみると、物事がうまくいくことがあります。

「なんだいこれ？」

部屋の中にモニター付きの怪しい機械がおかれています。モニターを覗き込むと、のび太君の声紋が映し出されていました。どうやらこれは「マイクで拾った声をキャンディーにする道具」のようです。

ドラえもんはそのキャンディーを舐めて「ママの声真似」をします。その影響もあって、珍しく宿題をさっさと終わらせたのび太君、この道具を使って遊ぶことにしました。

そこにやってきたのが、スネ夫君です。「いいものをやろう」と、ジャイアンのリサイタル・チケットを無理やり押しつけてきました。

悪いことに当のジャイアンがそこを通りかかったから、もう大変。なんとかなだめようとしたら「それじゃおまえにもきっぷをやろう」となり、結局、のび太君やドラえもんもリサイタルに強制参加させられることになりました。

ジャイアンは空き地に設けたステージに立つと、しゃもじをマイク代わりに、とてつもない美声（言うまでもないですが、皮肉です）を披露します。なんとか終わったと思ったら、スネ夫君が余計なお世辞を言ったために、アンコールになってしまいました。

そこでドラえもんが取り出したのが「喉にいい」というキャンディー。実はこれ、さきほどの道具で歌手の声（アニメではスキマスイッチの声になっていました）を元に作った「声のキャンディー」です。

それを舐めたジャイアン、さきほどとはうってかわった美しい歌声に聴衆からは、

「あれえ、きれいな声!!　歌手みたい」

と賞賛の声が上がりました。

それからしばらくして、ジャイアンはのび太君の家にやってきます。話を聞くと、今度出演する「スターになろう（おそらく元ネタは『スター誕生』ですね）」という番組に出るから「声のキャンディー」が欲しいとのこと。

そこで天地真理（時代を感じますね）のキャンディーを渡します。……しかし、ドラえもんは「キャンディーの効果が30分で切れること」を伝え忘れていました。

番組の収録が始まりました。ジャイアンはキャンディーを早く舐めすぎていたので、自己紹介の時にはすでに地声に戻っていました。

「はやく！　耳にせんをして！」

と叫びますが間に合いません。ジャイアンの歌声がテレビを通じて、全世界に轟きました。

……結果は言うまでもないでしょう。

人食い鯨をも〝肉声で〟撃退できる殺人シンガーの面目躍如と言ったところ。あちこちでテレビが故障し、人は倒れ、全国の救急車がてんてこまいになる始末でした。

歴代最高レベルの放送事故を引き起こしてしまい、ジャイアンはカンカン。ドラえもんたちを追いかけます（ですけど、これはジャイアンの自業自得ですよね……）。

「緊急用」として用意していた「ジャイアンの母親の声」を使って、何とかドラえもんたちはその場をしのいだのでした。

＊　＊　＊

ジャイアンリサイタル。

それは古今東西、悪夢の代名詞として知られております。のび太君やスネ夫君どころか、しずかちゃんや出木杉君まで参加が義務付けられており、彼がマイクを握って吼え猛るたび、すすきヶ原の子どもたちは恐怖に震え上がります。

彼の歌に対する評価は散々で、ある子どもにいたっては、

「ジャイアンの歌はしびれる。しびれて気が遠くなり熱が出る。ジャイアンの歌を聴いていて一番うれしいのは、終わった時だ」

といった的確な名言まで残しております。そのため、**多くの人は「ジャイアン＝歌が下手」だと思っている**のではないでしょうか。

しかし、熱心なドラえもんファンの間ではよく知られていることですが、意外や意外、

ジャイアンは「音感自体」は優れています。

今回使用した声のキャンディーには、『ピッチ（音程）やリズムを調節する能力』はありません。つまり、ジャイアンの歌が聴けるようになったのは、彼が『ちょうしっぱずれではなかった』からです。

美声の持ち主でも調子っぱずれが原因で音痴とされている人はいくらでもいますが、ジャイアンはまさにその正反対。もし彼に音楽のコーチがついたとすれば、彼の「声質」あるいは「声量」を改善することから始めていくことになるでしょう。

このように**「ジャイアンは音痴だ」というレッテルを外すと、彼の「具体的な問題」が明らかになってきます。**これは、ビジネスや子育ての世界でも同じです。

そう言ってもピンとこないと思いますので、具体的な例を挙げましょう。

よく発達障害を持つ子どもの悩みとして挙げられることが多いのが、「自転車に乗れない」「縄跳びができない」「ボール投げができない」というものです。

そうした子どもに、ただ「この子は運動音痴だから」というレッテルを貼ってしまうと、話はそこで終わってしまいます。

しかし、そうしたレッテルを外して**「発達の遅れから、複合した動作をともなう行動が**

苦手なんじゃないかな」と考えれば、介入の方法が生まれてきます。
療育の現場では、そうした子どもがいる場合は次のような方法をとっています。

・もっと簡単な動作（たとえば補助輪を使う、縄だけ回してみるなど）から始める
・行動をひとつひとつ細分化して教える（ボールを投げる動作をひとつひとつ細かく教えるなど）

こうした方法で教えると、発達の遅れがあったとしても少しずつできるようになっていくのです。

これはビジネスの場でも同じことが言えます。

たとえば、周囲に**「仕事の適性がない」「サラリーマンに向いていない」**と思うような部下や後輩がいたとします。その場合は、一度、レッテルを外して**「具体的に、何ができないのだろう」**と理解するとうまく相手を伸ばすことができるかもしれません。

たとえば……、

・単純ミスが多いなら、チェックリストを作らせる

・記憶力がないなら、その都度メモを取らせる
・応用力がないのなら、少しずつ「部下が自分で考える余地」を作らせて鍛える
・手順を省くことが多いなら、その作業を行う理由や、行う価値から教えていく
・礼儀がなくて困るのなら「得意先で話すときの暗黙の常識」を1から言葉で説明して「型」を作っておく

などでしょうか。

相手の問題についてレッテルを外し、少しずつ理解していくことが「適性がない」と思う相手への介入の第一歩です。相手は何ができて、何ができないのかを考え、できることを伸ばしていってほしいと思います。

【ジャイアンタイプの伸ばし方—②】

すぐに怒ったり、泣いたりする人

〜「ハッピーバースデイ・ジャイアン」（てんとう虫コミックス23巻）より〜

ジャイアンは作品の中でよく暴力を振るったり、ものを奪ったりしています。彼のようにすぐに怒ったり泣いたりと感情的になりやすい人は、意外と大人になっても見かけるものです。そのような人と接する場合は、「共感的理解」を行うようにしていくことが重要になります。


６月15日。

その日は恐怖の一日として、すすきヶ原の子どもたちの記憶に刻み付けられています。

……あのジャイアンの誕生日だからです。

「プレゼントが気に入らないと、ぶんなぐられるし」

「ケーキはひとりで食べちゃうし」

「あのものすごい歌をきかされるし……（しずかちゃん、結構きついですね）」

と、のび太君たちは戦々恐々。ジャイアンが呼びにくる前にどこかに行こうと思っていました。しかし、誕生日を忘れていたドラえもんが、「相手を足止めする」というひみつ道具「相手ストッパー」をジャイアンに貸してしまいました。そのせいで、のび太君たちはジャイアンの家で開かれる誕生パーティーに強制参加させられることになりました。

パーティーの席上、ジャイアンは「誕生日のプレゼントは？」と聞きました。当然、用意などしているはずがありません。

「少しでもいいものをとさがしていたら、まにあわなくて……」

そう言って、なんとかその場を取り繕います。

「ああ、じつに楽しいパーティーだ。みんなももっとさわげ」

ジャイアンはケーキを1人で食べながら上機嫌で言いました。

のび太君たち参加者は、顔を俯けながら「ワア……」「ワアワア」とつぶやきます。それを見たジャイアンは例によって下手くそな歌を歌います。

しかし、ここでさすがのジャイアンもみんなが迷惑そうにしていることに気づきました。

「わかってるぞ。おまえら、ほんとはいやなんだろ。しぶしぶ祝ってもらっても、ちっともうれしくないぞ!!」

と、みんなを家から追い出しました。

その日の夜、実は意外と繊細なところがあるジャイアンは、昼間の一件を気にして、ドラえもんのところに相談にきました。

なぜ自分は人気がないのか、ドラえもんに尋ねると、

「きまっているだろ。わがままで、らんぼうで、ずうずうしくて……」

と、歯に衣着せないドラえもん。それを聞いたジャイアンは、

「自分でもわかってるけど、どうにもならないんだ。せめて一年に一度誕生日くらい心から祝ってほしいよ～～」

と泣きつきます。

さすがに気の毒になったドラえもんは、「かんにんぶくろ」という「腹の立つことがあったら息を吹き込むと怒りが収まる道具」をジャイアンに貸してやり、さらに「ふりだしにもどる」という道具で時間を3日戻しました。

当然、怒りっぽいジャイアンのことですから、あっというまに堪忍袋は限界になります。

ドラえもんはそれを見て、「後は自分で何とかしろ」と言いました。

その後も腹が立つことが起きますが、

「ジャイアンもやさしくなったね」

「あすの誕生日、お祝いしてあげましょうよ」

とのび太君達が言っているのを見て、苦しくとも我慢します。

＊＊＊

この話で分かりますが、ジャイアンも本心では、「問題行動を起こす自分をなんとかしたい」と思っているということがわかります。くわえて、暴力などの問題行為によって自分が孤立していることを自覚し、そのことが大きな悩みになっていることもわかります。

ジャイアン・タイプの人、すなわち、すぐに感情的になってしまう人は、ありていに言えば**「その方法でしか、自分の気持ちを伝えることができない人」**ということができます。したがって、ジャイアン・タイプの人が感情的になった時、こちらも合わせて感情的になってしまうと、**相手にますます「自分の気持ちをわかってもらえない」「やっぱり自分はひとりぼっちなんだ」などと思わせる**ことになり、悪循環に陥っていきます。

このようなタイプへの接し方で重要なのは、アメリカの心理学者、カール・ロジャーズの来談者中心療法の理論でいう**「共感的理解」**、つまり**「相手の気持ちや考えを自分の体験であるかのように知ろうとすること」**です。

傍から見ると、理由なく怒り出したり、泣き出したりするような人でも、その内面では必ず怒りや悲しみの原因となることが起こっています。その人はなぜ怒ったり、泣いたりするのか、「その人の内面で起こっていること」を知ることが、その人を理解するうえで大切なのです。

その原因がわかったら、「こういう気持ちがあったから、怒りたくなったんだね」と理解するようにします。それだけでも相手は「わかってもらえた」という気持ちになり、感情を抑えることができます（カウンセリングの用語で『感情への応答』ともいいます）。

ここまでは大抵の本でも書かれていると思いますが、**ここで注意しなければならないのは、「相手の感情を理解した『つもり』になることがある」**ということです。

たとえば、「上司から怒られたせいでイライラしている」同僚がいたとします。

同僚の様子を見たあなたは、少しでもその気持ちを理解してあげようと思いました。前日、その上司から企画が通らないことで叱責されていたあなたは、同僚が「分からず屋の上司に悩まされているんだな」と無意識に決めつけてしまいました。

「あの上司、こっちの言い分をぜんぜん聞いてくれないから疲れるよね」

と、さりげなくその同僚に声をかけたあなた。

しかし、相手は、

「うるさいな……。お前に俺の気持ちがわかるかよ」

と、ますます機嫌が悪くなってしまいました。

彼がイラだっていた理由は、**「あなたよりも営業成績が悪かったことを上司に厳しく怒られた」**だったのです。

状況が似ていたとしても、相手が自分と同じ気持でいるとは限りません。「こちらが相手の感情を決めつけること」は、思わぬトラブルを呼んでしまうことがあるのです。

そうしたトラブルを避けるためにも、無理に理由を聞き出そうとしたり、励ましたりする前に、**「相手に何が起きて、どんな感情を持っているのか、よく知ろうとする態度」**を持つようにしてください。

そうした態度で接していれば、相手も次第に周囲との付き合い方を改めていくはずです。

【ジャイアンタイプの伸ばし方――③】

許可を待たずに行動してしまう人

～「超大作特撮映画『宇宙大魔神』」（てんとう虫コミックス20巻）より～

部下が勝手な行動をとったために、クライアントを怒らせてしまった。こちらの話が終わらないうちに部下が口を挟んできて余計に時間がとられる。そんな経験はよくあるのではないかと思います。そのような人と接する時は、「十分な見通し」を与えることが重要になります。

ドラやきを接写しているドラえもん。

「イージー特撮カメラ」という道具（簡単に動画の合成・編集ができるビデオカメラ。映写機にもなるようです）で合成をして、超大型ドラやきの上で飛び跳ねるシーンを作ったようです。

このカメラに興味を持ったのび太君、本格的な特撮映画を撮ろうということになりました。主演女優としてしずかちゃんを誘うと、たまたまそこに出木杉君がいました。

「じつは8ミリでアニメをとりたいと思って、シナリオをかいたんだ」

話を聞いた出木杉君は、そう言って「宇宙大魔神」というシナリオをのび太君に手渡しました。

いよいよ撮影開始です。

出演者は、ジャイアンをのぞくメインメンバー、そして出木杉君、安雄君、はる夫君。セットや衣装、ミニチュア、スタジオはドラえもんのひみつ道具で作成します。

名監督・出木杉君の指揮のもと、撮影は着々と進んでいきます。

しかし、裏山でロケをやっているとき、運悪くジャイアンに遭遇してしまいました。そこで、よせばいいのにスネ夫君が「ぜひ出演してもらいたい」と話をしてしまいます。

残っていたのは、ご丁寧にも**悪役の「宇宙大魔王」のみ**。

それしかないので、ジャイアンには役柄を隠して出演してもらうことにしました。

のび太君たち「少年レインジャー」と魔王の家来（ラジコン粘土で作られた怪物）との戦闘シーンの撮影が始まりました。激しい銃撃戦を繰り広げる少年レインジャー、**それを見たジャイアンは「なかまのピンチ」などと言って、飛び込もうとします**。

この時は、ドラえもんに止められたジャイアンでしたが、しずかちゃんが怪物につれさられそうなシーンの撮影に移ると、**また勝手に映画に出ようとします**。

その様子を見た出木杉君は、仕方なく先に魔王城のシーンを撮ることにしました。

魔王城の内部のシーン、怪物にさらわれたしずかちゃんが囚われています。**それを見たジャイアンはまたも飛び出そうとします**。

それを止められると、

「やいやい‼　いつになったらおれの番になるんだ‼　きょうは、家に用事があるんだ」

と、ドラえもんに襲いかかりました（これじゃあ、だれもジャイアンを誘いませんね……）。

そこで、ジャイアンが出演するシーンだけ先に撮ることになりました。

「大よろこびしてる顔」

「ごはんを食べているところ（本当はしずかちゃんを食べようとしているシーン）」

「悪者たちをやっつけてるところ（本当は少年レインジャーたちと戦っているシーン）」

「やられたところ」

「ついに悪者をたおして、ひるねしてるところ（本当は主人公たちに倒されたシーン）」

撮影が終わると、ジャイアンは満足そうに引き上げていきました。

それからしばらくして、ついに映画が完成しました。もちろん、ジャイアンには見せられないので、内緒で試写会をすることにしました。

しかし、どこで嗅ぎつけたのか、ジャイアンが無理やり試写会に参加します。

完成した映画を見て、ようやく騙されていたことを知ったジャイアン。

スクリーンに「おわり」と表示されたときには、みんなは逃げ出しており、部屋はもぬけの殻でした。

ジャイアンは涙ながらに「ころしてやる‼」と叫びましたが、誰もいない部屋にむなしく響き渡るだけでした。

＊　＊　＊

この話は夢があるので、お気に入りのエピソードです。

それにしても、出木杉君は本当に小学生なのでしょうか？

このエピソードのほかにも、

・ひみつ道具の「ロケットストロー」を見て本物のロケットを設計する
・地底国家を作る際、しっかりした都市計画を立て、素晴らしい街並みを作る
・特撮映画を制作するときにも、着火装置を作るなどの本格的な撮影をする
・魔法文明がなぜ衰退したかを何も見ず『のび太君にも分かる内容で』完璧な理論で解説する
・のび太君が持ってきた衛星写真を見て、魔境の存在を示唆する（彼の発言した『ヘビースモーカーズ・フォレスト』が実在の土地だと誤解した人がどれほどいたでしょうか……）

など、「本当は大人が化けているんじゃないか」と思ってしまいます。

さて今回のお話ですが、やはりジャイアンの行動が問題になりました。映画の撮影で他のみんなに迷惑をかけたジャイアン、彼は明らかに**「俺が、俺が」というタイプで、衝動的に行動してしまっている**ことがわかります。

大人の場合にはここまで極端でなくとも、

・上司に報告せず勝手に行動し、トラブルを起こすことが多い部下
・人の話を最後まで聞かずに行動したり、口をはさんだりする部下

といった人はいるのではと思います。

こうしたタイプの人は、**「衝動性が高く、言われたら即座に行動したくなる」**という特徴があることが多いといえます。衝動性が高い相手と接する場合は、**「いつ終わるのか、など十分な見通しをつけさせる」**ことが重要になります。

では、具体的にどういったかたちで見通しをつけさせればいいのでしょうか。

たとえば、人の話を最後まで聞かない相手の場合、

「これから注意点を3つ挙げる。最後まで、まずは聞いてくれ」

などと聞いて欲しい項目の数を告げたり、

「5分だけ話を黙って聞いてほしい」

というように、いつ終わるかを説明するだけでも、途中で口を挟んでくることをある程度、抑制できるはずです。

上司の指示を待たずに勝手に行動してしまう人の場合は、

「万が一、トラブルが起きたら、必ず課長に報告する。緊急時に課長がいなかった場合に

は、部長に報告を行う。それがダメなら、メールを送り、翌営業日に話し合う」といったかたちで、**「明確化されたトラブル対処のルール」を手渡す**といいでしょう。

このドラえもんの事例でも、

・「撮影中は、絶対にカメラに入ってはいけない」といったことをルール化する
・「○時から君の出番だよ」といった声かけを行う

といったことを先にやっていれば、ジャイアンの問題行動を防げたかもしれません。

こちらを待たずに勝手に行動したり、人の話を最後まで聞かない人には、このように**「十分な見通し」**を与えると「勝手な行動」を減らすことができるでしょう。

【ジャイアンタイプの伸ばし方―④】

厚意を押しつけ、断ると怒り出す人

〜「ジャイアン反省・のび太はめいわく」（てんとう虫コミックス36巻）より〜

色々と世話を焼いてくれるのはありがたいのですが、それを「ありがとう」と受け取らないと、「せっかく俺ががんばってやったのに！」などと怒り出す人がいます。そうした人と接する時は、相手の心理で何が起こっているのかを考える必要があります。

いつものようにジャイアンに追いかけられるのび太君。

ついに捕まり、絶体絶命のピンチに陥りましたが、後ろから何者かが現れ、ジャイアンをボコボコにして助けてくれました。

なんとか窮地を脱したのび太君は、強そうなおじさんに道を聞かれます。スネ夫君いわく「柔道十段のジャイアンのおじさん」だそうです。

何者かによってボコボコにされたジャイアンは、おじさんに訴えました。

「おじさん‼　柔道を教えてください‼　おれ、もっと強くなりたいんだ‼」

しかし、おじさんは首を横に振りました。

「きみの考えている強さは、ケダモノの強さだ！　ほんとうに強い者はけっしていばらない。弱い者いじめなどとんでもない！　人間らしい心をみがくのが柔道の真の目的なのだ‼」

この言葉に感銘を受けたジャイアン……、しかし、どんなすばらしい言葉もジャイアンには意味はありませんでした。

「これから弱い者を守ってやることにしたんだ」

そう宣言したジャイアン。のび太君を守ると言うと、「のび太君がいじめられる環境」をわざと作ろうとして、のび太君を強引に外に連れだしました。

ジャイアンはのび太君がいじめられているところを助け、彼や女の子たちにチヤホヤされる場面を想像してニヤつきます。

しかし、その日は珍しくトラブルが起きません。ジャイアンは無理やりスネ夫君をけしかけますが、動物的な本能で危険を察知され、いじめさせることはできませんでした。

しびれを切らし始めたジャイアン、

「せっかくおれが、守ってやるといってるんだぞ。それなのに、おまえは守られたくないらしい……。おれはな、人の好意をすなおにうけられないやつは大きらいだ!!」

などと言い出します。

そこで一計を案じたドラえもんは、「すごいいじめっこがいるよ」とジャイアンを連れて、タイムマシンで冒頭のシーンに行きました。

そして、のび太君を追い詰めていた（過去の）ジャイアンと戦わせます。

冒頭でのび太君を助けた人物とは、未来のジャイアンだったのです。

＊　＊　＊

ジャイアンのおじさんは原作では1話限り、しかも数コマしか出てませんが、何度も出てくる「のび太君のおじさん」よりもずっと知名度は高いです。それは、おそらくこのおじさんのセリフが非常に印象深いからでしょう（ちなみに、まったく同様のことがてんとう虫コミックス25巻「のび太の結婚前夜」に出てくる「しずかちゃんのパパ」にも言えます）。

さてこのお話で注目すべきは、ジャイアンの行動です。

ジャイアンは「俺がお前を守ってやる」と言いながら、守ることができないと怒り出しました。

なぜ、ジャイアンは怒りの感情を抱いたのでしょうか。その感情には**「メサイア・コンプレックス」**が関係している可能性があります。

「メサイア・コンプレックス」とは、簡単に説明すると、**不幸な環境にある人が「自分は幸せな人間である。なぜなら多くの人の幸せに貢献できているから」と思いたがる現象**です。まあ、これだけならばいいのですが、問題は「メサイア・コンプレックス」によって人を助けたいと思う人は**「自分の厚意を受け入れられないとすぐに投げ出す傾向がある」**ということです。

『ドラえもん』を読むと、ジャイアンもこの「メサイア・コンプレックス」を持っていることがよくわかります。「いまの自分が周りに認められていない」ということを自覚（第２章２節「すぐに怒ったり、泣いたりする人」参照）しているからこそ、「周りにチヤホヤされる自分」に酔っていたのでしょう。

ここまで露骨ではないにしろ、現実社会にも「メサイア・コンプレックス」を持つ人はいます。

・大言壮語を吐いてボランティアに参加したが、少し叱られただけで参加をやめてしまう大学生
・「困ったことがあれば聞いてね」といい格好をしたがるくせに、いざ本当に困った時に聞いてみると「そんなのほかの人に聞いて！」などと言う社員
・「すべての人間のために尽くしましょう」と勧誘するが、ちょっとでも嫌な顔をすると「あなたなんか地獄に落ちてしまえばいい」などと言い放つ勧誘員

……こんなの、数え上げればきりがありません。

さて、このような考えを持つ人間を改めさせる方法はシンプルです。「メサイア・コンプレックス」は不幸感から生じています。それをなくすには**「その人自身が幸せ」になればいい**のです。

原作では傍若無人の限りを尽くすジャイアンですが、もしも彼が普段から人気者で、周りから頼られるような存在だったらどうでしょうか。きっと、その腕力を正義のために活

かそうとしていたことでしょう。

「メサイア・コンプレックス」を持つ相手に接する際は、相手のことを気にかけ、「認めている」ことを示すような声かけをすることが重要です。

たとえば、

・疲れている様子なら「最近忙しそうだけど大丈夫？」と声をかけ話を聞いてあげる
・厚意を受けたら「いつも書類整理をしてくれて助かってます」など、がんばっていることを認めて、自分が何かできることはないかと尋ねる

こうした声かけを行えば、**徐々に相手の孤独感を消していく**ことができます。そうすれば「メサイア・コンプレックス」にもとづく問題行動も減っていくことでしょう。

【ジャイアンタイプの伸ばし方―⑤】

異性を嫌がらせるアプローチをする人

〜「グンニャリジャイアン」（てんとう虫コミックス29巻）より〜

人間関係にかかわる永遠のテーマのひとつに、「好きでもない異性がしつこく言い寄ってきて迷惑している」というものがあります。言い寄り方には大きく分けて2つのタイプがありますが、どちらも極めて難しい問題なので、慎重に対処する必要があります。

にたにたと笑いながら、見知らぬ美少女の正面に立つジャイアン。

それを見て不気味に思ったのか、少女はペットのワンちゃんを連れて家に帰ります。それを「き、きみ、まってくれよ」と追いかけるジャイアンですが、逃げられてしまいました。

それからしばらくして、のび太君たちは広場の土管の上でグンニャリしているジャイアンに出会います。例の美少女と友達になりたいというジャイアン。意外と好きな子の前では内気になってしまうらしく、自分から声をかけられないようです。

それを聞いたいつものメンバーは、知恵を出し合います。

まず、スネ夫君が「ジャイアンのいいところは、強くたくましいことだ」と言って、のび太君が例の少女をいじめているところをジャイアンに助けさせようと提案しました。

「古い！　そんなくだらないすじがき、いまどきはやらないよ」

しかし、それをのび太君が一蹴。

逆に「やさしさこそ、男の魅力なんだぞ」と持論を展開し、笑顔を見せればいいと提案しました。

それを聞いたジャイアン、

「おう、笑顔ならいつもみせてるぞ」

と言って、冒頭の不気味な笑顔を見せました。

その後も討論を重ねましたが、なかなかこれだという意見が出てきません。

「3時間のうちに、あの子とおれを友だちにしろ！　成功したやつは心の友だ。失敗したやつは、ただではすまねえぞ！」

しびれを切らしたジャイアンは無茶苦茶なことを言い出しました。

そこでドラえもんが「キューピッドの矢」を取り出します。これは「矢で射ると、相手が自分のことを好きになる」という道具です。

さっそく「生物コントローラー」で少女の犬をおびき出し、**弓矢で彼女を狙い撃つ**ジャイアン。当然ですが、少女は逃げ出し、矢は外れてしまいました。

その矢を拾ったのが、スネ夫君でした。スネ夫君はジャイアンに協力しようと、少女に背後から近づき、見事、射ることに成功します。しかし、この道具は前述したように「当てた人」を好きになるものです（スネ夫君は、この道具の説明を聞いていませんでした）。

結果、スネ夫君は少女との仲をジャイアンの目の前で見せびらかすことになり、怒りを買ってしまいます。その後、少女は大阪に帰ってしまうのですが、そのことを知らないジャイアンはグンニャリしっぱなしで、スネ夫君は逃げ回る状況が続きます。

＊　＊　＊

あなたが信頼されている上司ならば、部下から恋愛相談を受ける機会があるかもしれません。そんな時、「好きでもない人にしつこくされて、困っている」と相談されたらどうするでしょうか。

異性を嫌がらせるアプローチをする人は次の2つに大きく分けられます。

①自分の言動が相手を嫌がらせていることを理解していない人
②自分が相手に好かれていると勘違いしている人

まず①のタイプから説明しましょう。

こうした行動をとってしまうのは、簡単に言うと「相手がどうすれば喜ぶのかわからない」という、コミュニケーション・スキルの欠如が原因です。今回のお話におけるジャイアンなどはまさにこの典型で、「笑顔で相手の緊張を解きほぐそう」という考えが、完全に裏目に出ています。

ジャイアンのように「相手の気持ちを理解することが苦手」な人は、「恋愛攻略本や少女漫画などで読んだ、奇妙な方法で異性にアプローチしてしまう」ことがあります。漫画の描写を鵜呑みにして、ほとんど面識がない人に、いきなり100本のバラをプレゼントする、などはひとつの例でしょう。

こうしたタイプの人は、前述したように「コミュニケーション・スキルの欠如」が原因です。行動を改めさせる場合は、その人にとって**指導的な立場にいる人が、「どういう行動をとれば異性を嫌な気分にさせないか」について、感情的にならず**（相手は「悪いことをしている」という自覚がないため）**具体的に説明する**ことが重要になります。

面倒なのは、②のタイプです。

②のタイプは精神医学の世界でいう**「エロトマニア（恋愛妄想。語感とは裏腹にいやらしい意味はありません）」と呼ばれる「妄想」を抱いている**可能性があるからです。相手のちょっとした言動、たとえば自分の方をちらっと見た程度のことから、「自分に好意があるに違いない」と解釈してしまうタイプがこれに当たります。

このような人の行動を改めさせる方法なのですが、まず覚えておきたいのが、**「一般的に、妄想は肯定しても否定しても悪い結果しか生まない」**ということです。恋愛妄想も例外ではありません。

たとえば、

「星野スミレさんはぼくのことが好きなんだよ」

などといった勝手な思い込みを持つ人がいたとします。

彼に対して、

「私もそう思うよ」

と肯定するのは論外ですが、

「なに言ってるのよ、落ち目ドジ郎さん。星野さんには恋人がいるのよ」と否定しても、

「その恋人とはぼくのことだ」となりますし、

「星野さんは君のことを嫌いだと言っているよ」と言っても、

「いや、それはぼくに気があるから、裏返しにそういう態度をとっているに違いない（ツン何とかという言葉は、罪作りですね）」

となり、ますます妄想を強めてしまうからです（今挙げた2人の名前を知っている人は、相当なドラえもんファンですね）。

問題を解決するために、別の人を介入させる場合も注意が必要です。第三者（とくに異性）が介入すると**「ロミオとジュリエット効果（妨害の多い恋愛ほど燃え上がるという現象）」**が起き、**最悪の場合はその第三者にも被害が及ぶ**おそれがあるからです。

そのため、②のような相手に対しては、もう**具体的な対処法をとる**しかありません。

・まず、通話の履歴などは証拠として必ず残しておく
・同僚、上司などにストーカー被害に遭っていることを説明する（上司は事情を知らないと仲人気取りで2人の仲を進展させようとすることもあるため）
・ストーカー被害に関する専門機関（警察以外にも、ストーカー被害専門のNPO法人はたくさんあります）に相談する

などが基本でしょうか。より詳しい対処法を知りたい場合は、**ストーカー対策の専門書やインターネットサイトを閲覧するか、専門機関に相談**されることをおすすめします。

【ジャイアンタイプの伸ばし方―⑥】

自分の理想を押しつける人

～「イイナリキャップ」（ドラえもんプラス５巻）より～

職場の同僚にしろ、恋人にしろ、好ましいと感じた相手にはありのままの自分を受け入れてほしいと思うものです。しかし、なかには「自分の同僚（恋人）ならば、○○してくれなきゃいやだ！」と理想を押しつける人がいます。そうした相手は接し方に注意しなければなりません。

ある日のこと、のび太君が空き地に行くと「これあげます」と書かれたダンボールが置いてありました。開けてみると、中にはジャイアン家で飼われているムクという名前の犬が入っていました（すすきヶ原には、こういう無責任な飼い主が山ほど出てきます。保健所の方は大変ですね）。

驚いたのび太君は、ジャイアンの家を訪ねて、理由を聞きました。

しかし、ジャイアンは、

「あんまりいうこと聞かないから捨てたんだ。おまえ拾ったんなら責任もてよ」

と言って、のび太君を門前払いにします。

捨てられたムクを不憫に思ったドラえもんは、

「いうことを聞くように訓練してやろうか」

と、「イイナリキャップ」を取り出しました。これは、送信側のキャップを被った者の命令に受信側のキャップを被った者は絶対に逆らえない、という道具です。

それを被って、さっそくしつけをしようとしたのび太君。しかし、指導するまでもなく、ムクはチンチン、お回り、伏せ、となんでもできます。

「おれだってできることならなんでもするんだよな」

突然、ムクがしゃべりだしました（このキャップをかぶると、動物が話せるようになるようです）。

「あいつめ、ニャーゴとなけとか、へそおどりやれとか、むりばっかりいうんだもん。イヌがニャーゴなんていえるかってんだ！　ふざけるな！　ばかやろう！」

ムクは怒りながら続けます。

「えさはにぼしの頭ばっかしだろ。散歩もさせてくれないし」

それでもムクは、

「でも、おれあいつが好きさ。子イヌのころから育てられたもんな」

と言いました。これだけ酷い目に遭わされたというのに、まだジャイアンを慕っているのです。頭にきたドラえもんは、ジャイアンに直談判することにしました。

その間、のび太君は「（イイナリキャップを）もっと別の動物でためしたい」と空き地に出かけました。到着すると、なんとそこにはライオン（！）の姿が。

よせばいいのに、ライオンを操ろうと思ったのび太君。案の定、送信機と受信機を取り違えて、逆にライオンに操られることになりました。

家に帰っても運悪くママはメガネを拭いている最中で、

「へんな子ねえ。家へおししなんか連れてきて」

などと言う始末（もっと他に突っ込むところがあると思いますが……）。

その後、ライオンは家から飛び出してのび太君とジャイアンに襲い掛かります。

ムクは「イイナリキャップ」をつけていなかったにもかかわらず、命がけでライオンと戦い、ジャイアンを守りました。

その姿に胸をうたれたジャイアンは、「ごめんな、これから大事にするからな」とムクを背負って帰りました（ちなみに、このライオンはある無責任な飼い主が育ちすぎたから捨てたものです。当然ですが、この飼い主は警察に逮捕されました）。

＊＊＊

ジャイアンの原作でのムクに対する振る舞いは、虐待以外のなにものでもありません。このお話でもムクにかなりの無茶を言っていましたが、「ペットそっくりまんじゅう」の回（てんとう虫コミックス12巻収録）では、猫を怖がるムクに「ドガア」と切れて、バットで複数回殴打した挙句、木に縛り付けて「とうぶんめしはやらん」と言い放つシーンもあります。ムク、かわいそう……。

ジャイアンほどではないにしても、「自分の理想を押しつける人」は多いものです。たとえば「私の部下だったら○○してくれないと」という上司、「母親なら私の苦しみをわかるべきだ」「父親は何も言わずに俺の進路を応援するべきだ」という子どもなどが、その典型的な例でしょう。

では、なぜそうした現象が起こるのでしょうか。

理由はいくつかありますが、そのうちのひとつが**「相手がこちらのありのままの姿を受け入れていない」**ということです。

理想を押しつける人は、相手に**「こうあって欲しいという役割だけ」**を求めがちです。

さきほどの例で言うと「私の部下だったら◯◯すべき」という上司は部下を「部下」としてしか見ていませんし、「母親なら私の苦しみをわかるべき」という子どもは親を「親」としか見ていません。相手を「部下」や「親」ではない「1人の人間」だと受け入れていないため、「自分の望む役割」を押しつけてしまうのです。

こうした相手に対処する時は、**「まずはこちらから、相手そのものを肯定する」**ことが重要になります。なぜ、相手を受け入れるのか……、それは**「感情の互恵性」という法則があるから**です。

「感情の互恵性」とは、簡単に言うと、**「相手を好きになれば、向こうもこちらを好きになる」**という法則です（ただし、これはあくまで一般論です。この理論と「単純接触効果」を鵜呑みにして、ストーカーになった人がどれほどいたことか……）。

今回のお話でも、ジャイアンはムクが「ジャイアンの存在そのものを受け入れてくれている」ことに気づいたため、ムクを「自分の言うことを聞く道具」ではなく「大切な家族の一員」ととらえ直すことができました。

この「感情の互恵性」は、一般社会でも応用できます。

たとえば、理想を押しつけてくる上司には、

「課長のお考えを聞くと、新しい発見があります」

「風邪をひかないよう、暖かくしてください」

など、相手を思っていることが伝わる声かけを行うと、徐々に理想の押しつけを減らすことができるでしょう。

理想の押しつけは愛情があるからこそ行われている場合もあります。「無条件に受け入れて愛すること」を心がければ、相手もこちらを「単なる役割を持った存在」ではなく、「1人の人間」として見るようになるはずです。そうすれば理想を押しつけられるようなことも減っていくことでしょう。

【ジャイアンタイプの伸ばし方―⑦】

他人の気持ちを考えない人

～「ドラえもんに休日を!!」（てんとう虫コミックス35巻）より～

なぜか人を傷つけるようなことばかりする……、そんな他人の気持ちを考えることができない人がいます。彼らの問題行動をやめさせるには、どのようにしたらいいのでしょうか。その方法をジャイアンを参考にして考えてみましょう。

その日は土曜日なのに家にパパがいました。

理由を聞くと「会社が週休二日制になったんだよ」とのこと。のび太君は、「いいなあ、週に二日も休めるなんて」とうらやましがります（この時代は、まだ学校は週休二日制ではありませんでした）。

そんなのび太君を見たドラえもんは、

「ぜいたくいうな、ぼくなんて年中無休なんだぞ」

と言いました。ドラえもん曰く、自分の仕事はのび太君の面倒を見ることであり、日曜も祝日も昼も夜も気の休まるときがないと嘆きます。

気の毒に思ったのび太君は、ドラえもんに休日を与えると宣言します。それを聞いたドラえもんは、嬉しくて眠れないほど喜びました。

そして翌日、休暇をもらったドラえもんはタマちゃんと離島にハイキングに出かけました。

それでもやっぱりのび太君が心配だったドラえもんは、「よびつけブザー」を渡します。このブザーを押すと、ドラえもんが駆けつけてくれるという道具です。

ハイキングに出かけるドラえもんを見送ったのび太君は、なぜかみんなに事情を話してしまいます。

「なにごとがおきようと、ぼく自身の力できりぬけてみせる！」

と言うのび太君を見て、

「のび太のくせになまいきな！」

とつぶやくジャイアン（出ました！）。

スネ夫君と一緒に最初はあれこれ意地悪をしましたが、

「ドラえもんにはきょう一日、ゆっくり休日を楽しんでもらうんだ！」

と、のび太君が耐えているのを見て、２人は見守ることにしました。


その後も度重なる受難に遭遇するのび太君。

「うちへ帰っておとなしくしていよう」

と帰ることを決断（最初からそうしていればよかったのに……）した途端、たちの悪い子どもにぶつかってしまい、裏道に連れ込まれてしまいます。

のび太君は人通りのない路地で不良たちに囲まれました。絶体絶命のピンチですが、**「ぜったい使わないぞ!!」と、「よびつけブザー」を踏み潰します**。

「あいつにあんな根性があったとはな……」

それを見て、感心するジャイアンとスネ夫君。いよいよリンチされそうになった時、２人が加勢に駆けつけ、のび太君を助けてくれました。


数時間後、のび太君は笑顔で帰ってきたドラえもんに、

「平和な一日だったよ！」

といつもの昼寝の姿勢（頭の下で腕を組み、右足を左足の上に乗せるあの姿勢）でウインクします。

＊＊＊

このお話を読んで、しみじみと思った方も多いのではないでしょうか。

そう！　このエピソードは実は**2005年に放映された「大山のぶ代版ドラえもん」の最終回**でもあるからです。

前回まで、ジャイアンの悪いところばかり書いてしまったので、今回はジャイアンの良い面が出ているエピソードを紹介させていただきました。

さて、日常生活でもよく「相手の気持ちを考えなさい」などと言われることがありますが、そもそも「相手の気持ちを理解する」とはどういうことなのか。有名な「心の理論」では、次のような例題を出して説明しています。

今、テーブルの上に「たけのこの里」のパッケージがあります。

しかし、実はこれは特注品で、中を開けてみたところ、中身は「きのこの山」でした。

これを事情を知らない人のところに持っていき、「たけのこの里」と書かれたパッケージを見せたら、その人は中身に何が入っていると答えるでしょうか?


この設問は、**誤信念課題「スマーティ課題」**と呼ばれるものをアレンジしたものです。

今、この本を読まれている方が思ったように、**正解は当然「たけのこの里」**です。

しかし、あなたが幼い子どもや「心の理論の発達」が遅れている人だった場合、相手の立場でものを考えることが苦手なため、すでに自分が知っている「中身はきのこの山である」という情報をもとに、「きのこの山」と答えてしまうのです。

これは少し極端な例でしたが、**「相手の気持ちが分からない」ということは、言い換えれば、「誤信念課題のような問題の理解が苦手で、相手が何を考えているのかを理解できない状態」**です。決して「自分勝手だから」ではないのです。

このお話におけるジャイアンも、当初はのび太君のことを妨害していました。しかし、「のび太君の内面に大きな覚悟がある」ということを知ると、意地悪をやめました。妨害していたのは、なにものび太君を支配したかったからではなく、のび太君の覚悟がわからなかったからなのです。

それでは「相手の立場で考えることが苦手な人」はどう伸ばせばいいのでしょうか。

こうしたタイプに対処する際は、**「理論よりもまずは実際にやらせること」**が重要になります。

「相手の立場で考えること」が苦手な人には、概念的に「相手はどう思うかな?」などと伝えてもあまりピンときません。言葉で伝えるよりも、具体的な行動に移させる方が効果的なのです。

たとえば、得意先でいつも相手の立場を無視した物言いをする部下がいるならば、

「相手に失礼なことを言うと、こっちも迷惑するんだ」

などといった概念的な説明をするよりも、

「ここにイラストで書いてあるやりとりが『取引先でのNG集』だ。やり取りを少し練習してみよう」

と言って練習させる方が効率的になります。

練習を積み重ねて自信がつけば、相手の立場で考えることができるようになります。

そうすれば自然と「自分勝手な行動」をとることも少なくなるでしょう。

【第3章】

スネ夫君タイプの伸ばし方

ちゃっかり者で、いつも人を馬鹿にしているような雰囲気の人がこのタイプ。口は達者だけど自分が損することを嫌い、何かあったらすぐに他人に甘えるため、周囲の人を苛立たせてしまうことも……。その人の内面にある「劣等感」や「自己愛」に目を向けると、問題を解決する糸口が見つかることでしょう。

【スネ夫君タイプの伸ばし方──①】

自慢話が大好きな人

～「アニメばこ」（てんとう虫コミックス44巻）より～

スネ夫君といえば、なんと言っても「自慢キャラ」。原作ではチャンスがあれば、のび太君に自慢ばかりしています。スネ夫君のような「自慢キャラ」は、実は内面に「強い不安」を持っていることがあります。それはいったいどういうことなのでしょうか。

のび太君はしずかちゃん、ジャイアンと空き地でマンガ『スーパーコアラッコ』を読んでいました。

すると、そこにスネ夫君が現れ、そのマンガがアニメになったと言います。そして、いつものように**来月発売されるというそのアニメのビデオを見せびらかすスネ夫君**。**パパがビデオ会社の社長さんの友だちなので見本をもらえたと自慢**します。

さっそくみんなで観ようということになりましたが、

「なんと、３人用のビデオなんだよ」

と言って、スネ夫君はのび太君を仲間はずれにしようとします。しかし、のび太君の姿はすでに空き地にありませんでした。雰囲気を察したのび太君は、すでに帰っていたのです。

ベソベソと泣いているのび太君に理由を聞いたドラえもん。慰めるために「アニメばこ」を取り出しました。これは「本を箱の引き出しにいれると、それがアニメになって放映される」という道具です（後の描写を見ると、マンガじゃなくてもOKのようです）。『アストロ学園』『ギャグラくん』『暗黒死神島』など家にあるめぼしい漫画をあらかた観てしまったのび太君は、しずかちゃんの家に行きました。そして彼女が持っていた『星くずのアダージョ』『マシュマロウーマン』を見て楽しみます。

それから（またしても）よせばいいのに、「アニメばこ」をジャイアンたちに見せびらかしたのび太君。当然ながら道具を奪われてしまいます。

さっそく道具を試してみようと、スネ夫君宅を訪れた2人は、家にある本を手当たり次第に観ようとします。そこでジャイアンが引き出しに入れたのは、なんとスネ夫君の日記帳でした。

日記には、ジャイアンへのいたずら（クッキーにこっそり鼻くそをつけて食べさせた）が書いてありました。スネ夫君はジャイアンからめちゃくちゃに追いかけられるはめになりました。

＊　＊　＊

スネ夫君の自慢話は数多くありますが、私はこれが一番好きです。

「なんと3人用のビデオなんだよ」

スネ夫君はそう言いますが、私は今まで生きてきて人数制限のあるビデオに巡り合えたことは一度もありません。4人で見ると喧嘩になりやすいとか、そういう仕掛けでもあるのでしょうか。


……とまあ冗談はさておき、このお話の他でもスネ夫君は自慢ばかりしています。

現実の世界にも、

・自作の（つまらない）小説や歌詞を見せ、ひたすらその長所を力説する部下

・少しでもこちらが話し出すと、すぐに「ぼくは○○だよ」と張り合おうとする同僚
・「昔は俺もワルだった」とひたすら昔の武勇伝を語る上司

というタイプは大勢います。興味のない話を長々とされて、うんざりした経験が一度はあるのではないかと思います。

こうした行動をとる人は、心理学的には「**自己愛が強い**」とされています。不思議に思うかもしれませんが、「**自己愛が強い」人は、案外「自分に自信がない**」場合が多いものです。言い換えれば、

「自分に自信がないからこそ、他人から承認を得ることで自尊心を満足させている」

といえばわかりやすいかもしれません。

スネ夫君も同様に、「自尊心の低さ」が原因で自慢話ばかりしていると考えることができます。

こうしたタイプへの対処法ですが、**一番シンプルなのが「相手に賞賛を与えること」と「競わないこと」**でしょう。

自己愛が強いタイプは、とにかくこちらの賞賛を求めています。そこで、あくまで張り合わず、その賞賛を求める気持ちに理解を示すことが重要です。

たとえば、のび太君とスネ夫君の場合はいつもこんなやりとりをしています。

①スネ夫君が自慢する
②のび太君が嫉妬する
③ドラえもんからもっといいものをもらって、見せびらかす
④スネ夫君が張り合う、あるいは道具を横取りする
⑤しっぺ返しが起こる

もはやお決まりのパターンですが、この繰り返しがかえってスネ夫君の「自慢して、もっと自分のすごさを見せつけてやる」という気持ちを助長しているとも考えられます。

もしも自慢話をやめて欲しいならば、

「やっぱり、スネ夫君は凄いんだね」

と**うらやましがらず賞賛すると、相手は十分に自己愛を満たすことになり、自然に周囲に配慮することを考える**ようになるでしょう（これをのび太君がやると『ドラえもん』自体が終わってしまうので、そのままでいてほしいのですが……）。

また、こうしたタイプには第1章で紹介した、**交流分析の「ゲームを終わらせる」理論**

も有効です。

「このビデオは３人用なんだ」と言われたら、

「３人用か。残念だけど、それじゃあ仕方がないな。今度はぼくにも見せてね」

と、**相手にしないで流してしまう**のも効果があると思います。


ただし、上司の自慢ばなしを「へえ、そうですか」などと流してしまうと問題が生じるかもしれません。そういう場合は、

「凄いですね。自分なんか○○なんで、そういうお話を聞くとうらやましく思います」

と「自分を一段下げる」かたちで褒めたり、

「そうだったんですか。ところで以前おうかがいした企画の件ですが……」

と、「その人自身が絡む別の話題を振る」と自然に話題を変えることができるでしょう。

【スネ夫君タイプの伸ばし方―②】

すぐに他人を頼る人

～「ラジコン大海戦」（てんとう虫コミックス14巻）～

他人にひどく依存する人がいます。依存には「情緒的に依存する」と、「ちょっとしたことで助言をすぐに求める」の大きく2つのパターンがありますが、ここではスネ夫君の行動を例に挙げ、前者の「情緒的に依存する人」の改善方法を紹介します。

こつこつお金を貯めて、ようやく念願のラジコンボートを手に入れたのび太君。喜びのあまり、涙を流しながら、ドラえもんと一緒に近所の池で進水式をしました。

……と、そのとき向こうから巨大な戦艦大和のラジコンが近づいてきました。大和はそのまま進んでくると、のび太君のラジコンボートに激突。その衝撃で、あえなく沈没するラジコンボート……。

「さすが大和は強いなあ」

現れたのはスネ夫君でした。スネ夫君は「かりかりするなって。べんしょうしてやるよ。あんな安物」とろくに謝りもせず、いとこのスネ吉にいさんに作ってもらったという大和の自慢を始めました。

「スネ夫をころして、ぼくも死ぬ！」

あまりの態度に激怒したのび太君はそう言って、泣きわめきました。

さすがのドラえもんも、ここまでされては黙っていません。スモールライトで小さくなって大和に乗り込むと、改造してコントロールを奪いました。

それを見たスネ夫君は、すぐさまスネ吉にいさんに助けを求めました。

スネ夫君から話を聞いて興味を持ったスネ吉にいさんは、車で駆けつけました。取り出したのは、魚雷発射装置つきの零式艦上戦闘機……、通称「ゼロ戦」のラジコン。これで「大和を沈める」と言います。

ボートの上という不安定な場所にも関わらず、４機のラジコン飛行機を同時に動かすスネ吉にいさん。その操縦技術はかなりのものです。

のび太君たちは必死に逃げますが、ついに大和はとらえられ、魚雷によって沈められてしまいました。

奇襲攻撃を受け、堪忍袋の緒が切れたドラえもん。命からがら岸辺にたどり着くと、「ミサイル付きラジコン潜水艦（もちろん未来兵器です）」を取り出します。のび太君と2人でそれに乗り込み、スネ夫君とスネ吉にいさんの乗ったボートを撃沈しようというのです。手始めにミサイルでゼロ戦を海……いや、池の藻屑にし、「つぎはそのボートを沈める」と宣戦布告をするドラえもん。スネ吉にいさんは、ゼロ戦用の魚雷を爆雷代わりにして反撃します。

しばらくして魚雷が尽きたのか、攻撃の手がやみました。そこで、スネ夫君たちの乗るボートにミサイルを撃ち込み、撃沈します。壊れたボートを弁償することになったスネ吉にいさんは、

「戦争は金ばかりかかって、むなしいものだなあ」

というシニカルな名言をつぶやきます。

＊　＊　＊

本当にスネ吉にいさんは大学生なのでしょうか。

私も小学生の時は「大学生ってこんなものなのかな」と思ってましたが、

・自作で巨大なラジコンを作り、それをいとこにポンとあげてしまう
・専門家並にジオラマやカメラの知識を蓄えている
・スーパーカーやクルーザーを当たり前のように運転できる
・ラジコン操作で二足歩行し、空を飛べるロボット「ミクロス」を作る

こんな大学生、今まで1人も会ったことはありません。

それはさておき……、この話でわかるように、スネ夫君は極めて依存性が強い子です。

このお話以外でも、**原作では情緒的につらいときには「ママ」に甘えたり（『大長編ドラえもん　のび太と竜の騎士』では出木杉君に相談したこともあります）、トラブルが起これば****スネ吉にいさんやドラえもんを頼っています。**

カウンセリングの世界でも「好きな人にすぐ依存する」という事例は多く存在します（専門的には『**関係依存**』といいます）。ビジネスの場では、

・すべてにおいて恋人のスケジュールを優先し、遅刻や無断欠勤をする社員

・社内恋愛を繰り返すが関係が安定せず、派手なトラブルを繰り返す派遣社員
・深夜でもお構いなしに電話をかけてきて、恋愛相談など仕事に無関係なことをひたすら話す部下

などが、そのようなタイプにあたるでしょう。

「すぐに人に依存する」タイプは、**「見捨てられ不安」を持っている**場合が多く、少しでも「見捨てられた」と思うと激しい怒りを覚えたり、孤立感や孤独感から問題行動を起こすことがよくあります。かまってあげないとすぐあてつけに浮気する人がいるのも、「見捨てられ不安」が強いからでしょう。

こうした性格傾向の強い人は、幼少期に寂しい思いをした経験があることが多いともいわれています。……ですが、「なにが原因でそうなったのか」を考えてもあまり意味がありません。

それよりも、

「いままでも、これからもその人のことを大切にする」

ということを十分に伝えたうえで、

「お互いに守れる、しっかりとしたルール（たとえば、夜の11時以降は電話の相談にのれ

ないなど）」をつくり、**「こちらができることとできないことをきちんと伝える」**ことのほうが肝心です。

一方で、ちょっとしたことでもすぐに助言や手助けをほしがるタイプ、ありていに言えば「甘ったれ」に見えてしまうタイプだと、少し対応が異なります。

このような相手には、当然ですが**「自立感」を与える**ことが重要になります。**こうしたタイプは無意識に「自分は他人を頼らなくては生きていけない」という役割を演じている**ものです。そのため、相手にきちんと関われば関わるほど、相手が頼ろうとするため、改善させるのが難しくなってしまいます。

このような性格を持つ人は「人を頼らなければ、自分は孤立してしまう」と思っていることが多いです。そのため、「〇〇したいんだけど、どうしよう？」と聞いてきたときは、「自分ではこの企画について、どうすればいいと思う？」

と本人の決定感をうながし、それでも尻込みするのならば、「失敗したとして、どうなることが不安なのかな？」

と尋ねたりすることによって、**「頼りすぎなくても孤立することはない」ということに気づかせ、不安を低減させていく**方法が効果的になるでしょう。

【スネ夫君タイプの伸ばし方――③】

過度に自分を大きく見せようとする人

～「スネ夫は理想のお兄さん」（てんとう虫コミックス40巻）より～

「見栄っ張り」とでもいうのでしょうか。本来の姿よりも自分を何十倍にも大きく見せようとして、周囲の人たちから失笑を買う人がいます。そのような人には「等身大の自分を受け入れられる」ようにアプローチすることが重要になります。

ある日、スネ夫君そっくりな少年が、「ハーイ、ノビタ、ドラエモン。ハウアーユー！」と英語で挨拶してきました。彼の名前は「スネツグ君」。子どものいないニューヨークのおじさんのもとに養子にいった、スネ夫君の弟でした。

それからしばらくして、スネ夫君が相談にきました。どうやらスネ夫君、スネツグ君と文通しているうちに、

「学校の成績はトップ。スポーツ万能！　町じゅうの人気者、女の子のあこがれのまと。らんぼう者のジャイアンも、ぼくには頭があがらない」

などと、あることないこと書いてしまったようです。

「ぼくは弟のイメージをこわしたくないんだ!!　いつまでも理想の兄きでいてやりたいんだ」

というスネ夫君。のび太君やドラえもんたちに、それらしく演技するよう頼みますが、当然、みんなに断られてしまいました。

後日、スネツグ君から歓迎パーティーに招かれたのび太君たち。のび太君はスネツグ君にスネ夫君のことをどう思うか尋ねてみました。

「大好き！　そんけいしてる。ぼくも兄さんに負けない、りっぱな少年になるの」

この言葉を聞き、スネツグ君を失望させるのがかわいそうだと思ったのび太君は、ドラえもんに「イメージライトキャップ」を出してもらいます。帽子についたライトで照らされた人が「帽子を被った人のイメージ通りの人になる」という道具です。

さっそくこの道具をスネツグ君に被せました。すると、スネツグ君の前では、先生はスネ夫君のことを褒めちぎり、ジャイアンもスネ夫君に頭が上がらず、女の子たちもスネ夫君にキャーキャー言うようになりました。

「ひょっとしてぼくは、自分で思ってたよりずっとすばらしい少年だったのかも……」

道具のおかげなことを知らないスネ夫君はそう思い、スネツグ君を家に帰らせます。その途端、女の子たちは立ち去り、ジャイアンから反撃を受けるスネ夫君。ドラえもんから事情を知らされると、

「ねえ、アメリカへ帰らないでずっと日本にいないか」

と、スネツグ君に言いました。

＊　＊　＊

事情を知らない相手に、自分のことをついつい大きく話してしまう。

きっと誰しもそんな経験があるはずです。

スネ夫君ほどではありませんが、社会に出るとそうした傾向の強い人と遭遇する機会はしばしばあります。

・目立ちたがり屋で、いつも自分が注目の的になっていないと嫌がる同僚

・いくら注意しても派手な服装やメイクをやめない部下

・異性に媚びた態度をとり、やたらと芝居がかった妙な話し方をする人
・「自分は芸能人の伊藤翼ちゃんの友人」だと過剰にアピール（これを「ネームドロッピング」といいます）したり、「自分は実は売れっ子作家」などと、うそをつく人

といったタイプの人は身近にいるのではないかと思います。この話でのスネ夫君の言動も、その仲間と考えても問題ないでしょう。

では「過度に自分を大きく見せよう」という心の動きは、なぜ生じるのでしょうか。
それは「内面に強い不安がある」からです。等身大の自分では、誰からも愛されない。そんな不安や「周囲から放っておかれるのではないか」という不安から、おかしな言動をとったり、見栄を張ったりしてしまうのです。「周囲の注目を集めたい」がために、自分を大きく見せようとすることが特徴だといえます。

こうした相手には、まずその人自身が「等身大の自分」を受け入れられるようにうながすことが重要です。

「自分を大きく見せよう」としすぎる人には必ずひずみが生じてきます。

我々も恋愛をしているときなど、最初のうちは「本来の自分より立派な人物像」

を演じることができるかもしれませんが、結婚後もそれを続けるのは無理があります。

そのため、

「等身大の自分」

を好きになってもらいたいと思うものです。

このことからも分かるように、過度に自分を大きく見せようとしている人と接するときは、**その人が「大きく見せようとしているとき」と「等身大の自分に戻っているとき」の差をあえてつけず、常にこちらは同じ態度で接する**ことが大切です。

そうした態度を続けていると、相手は**「自分はこのままでもいいんだ」**と自分自身を認めることができるようになり、次第に「自分を大きく見せようとする言動」もなくなっていくことでしょう。

「偉そうな態度や行動」にばかり目を向けずに、その人が内面に抱える「欲求や不安」を理解することが人付き合いでは重要なのです。

【スネ夫君タイプの伸ばし方——④】

他人を見下す物言いをする人

～「超リアル・ジオラマ作戦」（てんとう虫コミックス32巻）～

「君は、どこの大学を出たの？」と聞かれたことはありませんか？　そういう相手はかなり高い確率で「東大・京大以外の難関校」の出身者だったのではないかと思います。なんとなく見下されたように感じるこんな質問……、相手はなぜそんなことを聞いてくるのでしょうか。


「すごいだろ。ぼくがつくったジオラマだぞ」

そう言って自慢するのび太君。しかし、そのジオラマはあまりにお粗末なものでした。

すると、それを見たスネ夫君が、

「おなじプラモを使っても、ぼくがとればこうだぞ」

といって自分のジオラマを見せびらかしてきました。

「こんな安っぽい工作をジオラマなんていわれると、ぼくはムカムカするんだ」

そう吐き捨てるように言うと、自分がどれほどジオラマの研究に明け暮れているかを自慢します。

プライドを傷つけられたのび太君は、スネ夫君をあっと言わせたいとドラえもんにすがりつきました。まずは、敵の情報を知るためにスネ夫君の研究を覗いてみようということになりました。

スネ夫君の部屋を覗くと、**スネ夫君はスネ吉にいさんに罵倒されながら、非常に厳しい指導を受けているところでした**（ちなみに、このシーンでは2ページにわたってジオラマに関する熱い説明が行われているのですが、本書ではページの都合上省略します）。

それを見ているだけで疲れてしまったドラえもん。面倒になったのか「実物大ロボットをバーンと作って、実物大セットの中にドーンとおいて……」などと言い出します（もう、それはジオラマじゃないですよね……）。

しかし、実物大ロボットは高くて買えません。すでに「すごいジオラマ写真を撮る」と周囲に豪語していたのび太君は、後に引けず、自力でなんとかすることにします。

ドラえもんのポケットから出てきたのは、「スモールライト」と「インスタントミニチュア製造カメラ」でした。これを見て、のび太君はあるアイディアを思いつきます。このカメラでミニチュアを作り、うまい具合に壊した後、「スモールライトで自分が小さくなる」ことで、実物のようなジオラマを作るというものでした。

それによってできた写真を見て、みんなは驚きます。

満足げに家に帰ったのび太君。

しかし、家に帰るとそこには大きなロボットがありました。

大きすぎるので捨てるように言うママに対してドラえもんは、

「すてるなんて、とんでもない‼　のび太のためにむりして買ってきたんだよ‼」

と反論します。

＊　＊　＊

スネ夫君は自慢話も多いですが、「人を見下す発言」もよくしています。彼ほど極端ではないにしろ、

・自分の実力が分かっておらず「あんなやつより俺のほうが仕事はできるんだ！」と、不相応な仕事をもらいたがる部下

・能力のなさを棚に上げ、早く出世した同期を『あいつはゴマすりが上手だからな』と皮肉る上司
・顔も性格もよく仕事もできる女性社員を見て「でも、あの子遊んでそうだよね」と偉そうに言うOL

というタイプの人が身近にいたりするのではないでしょうか。

彼らはなぜ「人を見下す発言」をするのでしょうか。

実はその背景には、**「強い劣等感」があるケースが多い**のです。

いつもは自慢ばかりしているスネ夫君ですが、いとこのスネ吉にいさんには頭が上がらず、やり込められています。スネ吉にいさんのすごさは前述した通りですが、彼のように何でもできる人が身近にいると、その人に対し「劣等感」を持つ可能性は極めて大きいといえるでしょう。

そんなとき、「いまの自身の能力で優越感を持てる場面」に遭遇したとしたらどうでしょうか。スネ夫君にとってのび太君は、優越感を持てる相手です。のび太君を見下すことで、有能感を得ようとしたと考えることができるのです。

このように、**「他人を見下す発言をする人」は、内面に「劣等感」などの負の感情があり、**

その辛さを軽減させるために、そうした発言をするケースが多いといえます。しかし、言うまでもありませんが、この方法は劣等感を克服する手段としては不適切です。

そこで相手の劣等感に対してアプローチしていくことが重要になるのですが、その方法は大きく2つに分けることができます。

ひとつは「実際に努力をすることによって克服する方法」、そしてもうひとつは「自身の持っている、劣等感にかかわる考え方を変えること」です。

とはいっても、いままで苦手だったことをそう簡単に克服できるものではありません。そこで、**「認知療法」を使ったカウンセリングでは、後者の考え方を採用**しています。

具体的にはどういう考え方をすればいいのか、このお話のスネ夫君を例に説明してみましょう。

スネ夫君は、スネ吉にいさんへの劣等感からのび太君を見下していたとします。

そんなとき、もしスネ夫君が「スネ吉にいさんに比べると、自分はダメな人間だ」と思うのではなく、「自分はスネ吉にいさんほど何でもできるわけじゃないけれど、十分立派な人間だ」と考えることができたとしましょう。のび太君のジオラマを見ても、「のび太のジオラマはここはいいけど、ここは直した方がいいな。よかったら、今度一緒に作ろうぜ」

と、共同研究を持ちかけたかもしれません。

他人を見下すような人に、文句を言ってもあまり効果はありません。

「相手の言動は、劣等感からきているのかもしれない」

と理解し、その人の「自尊感情」を高めるように心がけ、

「いつも、〇〇してくれてありがとう」

「君と一緒にいると楽しいな」

といった形で、**「自分は認められている存在なんだ」とその人自身が思えるような声かけをする**と、自然に問題発言は減っていくことでしょう。

【スネ夫君タイプの伸ばし方――⑤】

他人をコントロールしたがる人

～「大ピンチ！　スネ夫の答案」（てんとう虫コミックス28巻）より～

気が付くと「あれ、いつの間にかこの人に利用されていない？」と思ったことはありませんか。そうした他人をコントロールしようとする動きは、実はその人の内面にある「自己愛」が原因となって起こしているケースがあるのです。

ある日の学校では、先日行われたテストの答案用紙が返されています。スネ夫君は久しぶりに１００点をとりました。さっそくジャイアンに自慢しようとしましたが、ジャイアンは出木杉君（１００点）やしずかちゃん（95点）を見て、「自分らがよかったからって、ウキウキしちゃって！　俺なんか15点だぞ‼」などと荒れています。空気を読んだスネ夫君は、自分も悪かったと嘘をつきました。

しかし、どうしても自分のテストを見せびらかしたいスネ夫君。

「だめだ、とても家へ帰れない。ママにどんなにしかられることか」とわざとらしく叫ぶと「うら山のどこかへうめて帰ろう」と大声で独り言をいいました。

それを聞いた（聞かされた？）のび太君とジャイアン、スネ夫君の答案用紙をこっそり見てやろうと思いました。

ドラえもんの力を借りて、スネ夫君の答案用紙を探し始めた2人。しかし、なかなか見つけることができません。しびれを切らしたスネ夫君はヒントとして、暗号が書かれた紙をわざとらしく空き地の土管に隠しましたが、この2人に解読能力があるはずもなく、的外れの推理をします（推理というよりも、書かれている内容をそのまま読んだだけでした）。

推理に行き詰まった2人は、ドラえもんから「22世紀のＦＢＩが開発した『暗号解読機』」を借り受けます。ひみつ道具の力もあって、暗号の解読に成功した2人。ついにテストの隠し場所が判明しました。

しかし、ドラえもんは、隠してあるのがテストであることを知ると、

「はじしらず!!　かわいそうに。スネ夫が必死になってかくしてる秘密をあばくなんて、それでも友だちか!!」

と涙ながらに２人に訴えました。

その時、スネ夫君がママを連れてテストの隠し場所に現れました。それを見たドラえもんは「秘密書類やきすて銃」を取り出しました。これはスパイから奪われた秘密書類を遠くから焼き捨てるための銃です（それにしても、これほど用途が限定された道具、なぜドラえもんは持っているのでしょう？）。

ドラえもんは銃口を２人のもとに向け、引き金を引きます。

「ドオ」

という音とともにスネ夫君達もろともテストの答案用紙は吹き飛ばされ、

「ばんざい、スネ夫の秘密は永久に守られた」

ジャイアンとのび太君は喜びました。

＊　＊　＊

今回の話を見ていただければわかるように、スネ夫君は、

「何とかしてのび太君とジャイアンをコントロールしようとしている」

ということに気が付くと思います。その意図は明白で、

「自分が良い点をとったことを知ってもらいたい＝自分の能力を認めてもらいたい」ということです。

このスネ夫君の例は少し極端かもしれませんが、彼のように「自分の思うように相手をコントロールしたがる人」というのは多いと思います。ひどいケースになると**他人を「自分の欲求を満たそうとする道具」として扱う**というタイプの人もいます。

・甘え上手で、異性をうまく操って面倒な仕事を押しつける社員
・自分の売り上げを確保するために、部下を通して顧客に無茶な要求をさせる上司
・都合のいい時だけこちらを頼り、用が済むとそっけなくなる友人

などがこれにあたるといってもいいでしょう。

さて、このような人の内面には**「不健康な自己愛」**がある場合が多いものです。

意外に思うかもしれませんが、**本来人間が「自己愛」を持つことは、「他者への思いやり」を持つためには必要な要素**です。最初に「自分が好き」という気持ちを持てば、成長に応じて「自分に関わるものも好き」という気持ちが生まれます。そしてそれが「他人が好き」という気持ちにつながるからです（これは「健康な自己愛」といいます）。

しかし、このような自己愛がうまく発達しないと、「すべての人は自分に奉仕すべきだ」となってしまい、相手をコントロールすることばかりを考えるようになってしまいます。

さて、このような人と一緒にいるとたいていの人は疲れてしまうのではと思います。常に相手を称賛したり、相手が求めるものを与えたり……それでいて向こうはそれを「当然」と思い、感謝をしないのであれば、当然そうなることでしょう。

このような相手に対する接し方ですが、**「迎合」することはかえって相手の不健康な自己愛を強めることになる**ため、お勧めしません。

一見すると意外に思うかもしれませんが、実は**「こちらが自分自身の内面を見直すこと」が解決への近道**だったりします。

「相手がこちらを利用しようとしている」と感じる相手に対しては、**こちらも相手に何らかの期待をしている**場合が多くあります。たとえば、先ほどあげた「都合のいい時だけこちらを頼り、用が済むとそっけなくなる友人」と付き合っているときには、逆にこちらは、「この人のために尽くしたのだから、その分この人も自分に尽くしてほしい」といった「期待する気持ち」を持っているからこそ、ストレスをためてしまっているのではないかと思います。

意外とこれは大切なことなのですが、なぜか「心理学＝相手の心を変える技術」と思う方が多いものです。また心理学を「読心術」と誤解している人も多く、私も「いま何を考えているか当ててみて」などと言われたことがあります。

ですが、断言します。**そんなことできっこありません！**

本書に書いてあることも、あくまでも相手に「変化をうながす手助けを行う」程度のものでしかありません。下手に技法に頼るよりも、「自分が心の中で相手になにを求めているか」に目を向けることの方が、ずっと重要です。そのうえで、

「あなたは○○がしてほしくて、私を頼っていたのよね。けど、○○には相当労力が必要だったから、その分自分も、逆にあなたに困った時には助けてほしいんだ。面倒だと思うけど、そうしてくれるとうれしいんだけど」

と、**相手の気持ちを反映したうえで、「相手の要求」と「自分の要求」のどちらも大切にできるような話し方をすることが必要**になります（これを**『アサーション』**といいます）。

とにかく重要なのは、**「要求の押しつけ合い」にならないことと、相手に振り回されないこと。**

このふたつを守っていけば、少しずつ問題解決の糸口がつかめることでしょう。

【スネ夫君タイプの伸ばし方―⑥】

立場の弱い人をすぐにたたく人

～「無視虫」（ドラえもんプラス５巻）より～

スネ夫君やジャイアンは、「立場の弱いのび太君をたたく」キャラクターです。そうしたタイプの人は、残念ながら現実世界にもいます。彼らの行動を止めさせるにはどのようにすればいいのか。その内面に目を向けると解決の糸口が見つかるかもしれません。


顔に絆創膏をつけたジャイアン。どうやらジャイアンママに、

「のび太にらんぼうするな」

と怒られたようです。「のび太君が告げ口した」と思ったジャイアンは、のび太君を殴ろうとします。

「らんぼうしたら、またかあちゃんにしかられるよ」

珍しくスネ夫君が止めて、ジャイアンに何やら耳打ちしました。それを聞いたジャイアン、

「いいか、みんなこれからはのび太を無視するんだぞ！」

そう周りの子どもたちに命令しました。

さらにスネ夫君が続けます。

「つまり、のび太なんかこの世にいないことにするんだよ。相手にしないの、口もきかないの」

「のび太に口をきいたやつはぶんなぐる‼」

ジャイアンはそう言って、周囲に無視することを約束させました（本当に酷い話ですね……）。

その日以降、のび太君はスネ夫君やジャイアンだけでなく、他の子たちからも無視されるようになりました（この話にはしずかちゃんと出木杉君は出てきません）。

いつもはジャイアンのことではあまり怒らないドラえもんも、

「なんというひきょうで、ざんこくでいんけんないじめ方だ。そんなことするやつは人間のくずだ‼」

と、今回ばかりは大激怒。そして「無視虫」をジャイアンとスネ夫君に取り付けます。これは「無視しようと決めた相手に話しかけたら、刺してくる」という道具です。のび太君はジャイアンたちに話しかけさせるために、２人の後を追いかけたり、後ろから悪口を言いまくったり、スネ夫君のおやつを奪って食べたり、スネ夫君の日記を勝手に読んだり、ジャイアンのトイレに侵入したり、ジャイアンの隠していた0点の答案を探し当てるなど、ありとあらゆる方法で、彼らの注意をひきつけようとしました。

その結果、「無視虫」に何度も刺されて痛い思いをしたジャイアンとスネ夫君は、ドラえもんに助けを乞いますが、

「だれか何かいった？」

「さあ気のせいだろ」

と無視されるところで話は終わります。

＊　＊　＊

『ドラえもん』にはよくスネ夫君やジャイアンがのび太君をいじめるシーンが出てきますが、このように「純粋に相手の気持ちを傷つける」ためだけにいじめをするのは珍しいで

す。

職場や学校などでもスネ夫君のように、
「誰かを無視する」
「陰口をたたく」
など、立場の弱い人をすぐにたたこうとする人はいます。

彼らの内面にあるものは様々です。

たとえば今回のお話のスネ夫君は、**「誰かをたたくことで、グループにおける影響力を高めよう」**という狙いがあったのかもしれません。

もし、この推測が正しければ、スネ夫君を大勢の前で叱ってもあまり効果はないかもしれません。「弱者をたたくことで、影響力を高めたい」と考える人にとって、「いじめによって注目される」ことは目的のひとつになります。

「全校生徒（全社員）の前で注意をする」
「停学処分（停職処分）にするなどして、目立たせる」
など、結果的に注目されるような罰を当たると、**「注目を浴びた」と感じさせるだけで、かえっていじめを助長してしまう**おそれがあるからです（これはあくまで一般論です。加害者を叱るという方法でいじめが収まったケースもたくさんあると思います）。

こうしたスネ夫君のようなタイプと対峙する際は、加害者を責めるのではなく、**「傍観者」（今回のお話で言えば、他の子たち）の力を借りることが重要**です。

ポイントは**「いじめの被害者側を多数派にする」**ことです。

まず、職場や学校で「傍観者」と「被害者」が常に一緒にいるような環境をつくります。昼食などを一緒にとらせるのもいいでしょう。そのとき指導的立場にいる人は、被害者だけでなく、傍観者のこともしっかり守るように気をつけます。

その上で、大勢の前で「傍観者」を「被害者を助けた」として賞賛します。そうすれば、スネ夫君タイプの本来の目的である「自分が注目を得て、職場や学校内で優位に立つ」という意図はかないません。実際、こうした方法をとることで自然といじめが収まったという事例がいくつか報告されています。

今回取り上げたのは学校の場におけるいじめの対処法ですが、これは職場などでも応用することができると思います。

いじめと聞くと、どうしても加害者側に罰を与えたくなってしまいますが、場合によってはそれが相手の思うツボになるケースもあります。とくに職場の場合は、罰を与えられたことを**逆恨みした加害者が『パワハラ』や『セクハラ』といった免罪符を使ってくる**可能性もあります。加害者への直接的な指導はむずかしい面があるのです。

職場のいじめの場合でも、大切なのは「被害者側を多数派」にすることです。ただし、そのとき**「傍観者」や「被害者」を無理に立ち向かわせない**ことに注意してください（もちろん、これも一般論です。加害者に「嫌だ！」とはっきり言って、いじめが解決した例も数多くあります）。のび太君はもちろん、他の子たちも、力ではジャイアンにかないませんし、彼に取り入っているスネ夫君を相手にするのも怖いはずです。「被害者側を多数派」にすれば、「加害者側」の発言力は次第に弱まっていきます。今回のお話のようなケースでは、そうした方法が問題解決の糸口になることでしょう。

【第4章】

しずかちゃんタイプの伸ばし方

自己主張が苦手で、自分の意見をあまり言えない人がこのタイプにあたります。

不満をため込むことによって抑うつ的になったり、がんばりすぎるあまり体を壊してしまったり……、その一方で、ストレスをおかしな方向に爆発させてしまうこともあるので、十分に注意して接する必要があります。

【しずかちゃんタイプの伸ばし方──①】

ストレスをため込んでしまう人

～『大長編ドラえもん9　のび太の日本誕生』より～

「しずかちゃんタイプ」はおとなしくまじめなのですが、その反面、他人の頼みを断れないところがあり、ストレスをため込んでしまうこともあります。こうしたタイプの人は、突然爆発してしまうことがあるので注意が必要です。

これで何度目でしょうか。のび太君はまた家出を決意しました。

最初はそんなのび太君を笑っていたいつものメンバーでしたが、今回はなんだか様子が違いました。

まず、草むしりやら店番やらを手伝わされ、

「オレはかーちゃんのどれいじゃないっつーの‼」

と反発したところ、

「そんなせりふはどれいみたいにはたらいてからいうことよ」

と言われて、ジャイアンが家出を決断。

「すべての科目に家庭教師をつける」と言われたスネ夫君も家出を決行。

その2人と道でばったり会ったしずかちゃんも、

「家出というほどでもないんだけど……。**ピアノのおけいこ、もういやになっちゃったの。だって才能ないんだもの。でも、ママはあたしをピアニストにするのがユメなのよ。しばらく1人になって考えてみたいの……**」

などと言いました。

ちょうどその時、野比家ではドラえもんがパニックを起こしていました。

「部長が家族旅行にでかけるので、るす中せわをたのまれちゃって……」

とパパがハムスターを預かってきたのです（普段はヒステリックなまでに動物を拒絶するママも、なぜかこのときだけは『ほら、おとなしくてかわいいわ』などと言っています。ちなみにこのハムスターですが、サイズがモルモットぐらいあります……）。

ハムスターとひとつ屋根の下では暮らせないとドラえもん。なんと彼まで家出してしまいました。

こうして家出をしたのび太君たちは、自分たちだけで暮らせる場所を探します。しかし、現代社会にはなかなか都合のよい「空き地」はありません。そこでタイムマシンに乗って原始時代に向かった5人。

そこから「日本誕生」の冒険が始まります。

＊　＊　＊

家出。

中学生や高校生のときに一度や二度は経験したことがあるかと思います。

家出をする理由はさまざまですが、このお話でのしずかちゃんは、

「ピアノのおけいこ、もういやになっちゃったの」

と、言っています。

一見するとそれが理由のように見えますが、大切なのはその後の発言です。

「だって才能ないんだもの。でも、ママはあたしをピアニストにするのがユメなのよ」

というセリフを見ると、しずかちゃんが家出を決意したのは「親から理想を押しつけら

れたこと」が本当の理由であると読み取ることができます。

実際、原作のしずかちゃんは「ピアノよりもバイオリンの方が好き」と言ったり、「ピアノの先生が厳しい」との理由で練習をさぼり、「正義ロープ」に緊縛されるという目にも遭っています。しずかちゃんにとってピアノは、『そこまで好きではないにも関わらず、練習を続けている』ものだったのです。

このお話から読みとれるのは、

「ストレスを内面にため込む人は、ある日を境に大爆発を起こすことがある」

ということです。

日本には「慎み」という文化があります。

これ自体は悪いものではないのですが、

「感情を抑圧すること」

が問題になることはよくあります。

皆さんの周囲をよく見ると分かるかもしれませんが、

「普段からブツブツと愚痴ばっかり言っている社員」と、

「普段は大人しくて愚痴なんか絶対に言わない社員」

両者を比べた場合、どちらの方が、うつ病になったり突然ブチ切れたりすることが多いでしょうか。……おそらく、後者ではないかと思います。

「感情の抑圧」を続けていると、しずかちゃんの『家出』のように、突然「ガス爆発」を起こすことがあります。

ビジネスの場でも「もう社会人だろ？　感情は抑えて頭を下げるんだ！」などと我慢することを無理に強いると、ある日突然爆発して、会社を無断で休んだり、急に辞めてしまうといったことがあります。

こうしたことを防ぐには、**不満や怒りなどはできる限り「ガス抜き」するよう、周囲が気を払うことが重要**です。

たとえば、部下や同僚が愚痴や怒りなどの感情を見せたときは、

「そんなに怒るなよ」

「愚痴なんて、○○らしくないよ」

と抑えさせるのではなく（意外とこういう言い方する人、多いです）、

「それはつらいよね」

「そんなことになったら、たしかに嫌だね」
と受け入れてあげることが重要になります。

感情のガス抜きには、その他、自分が実践している**健全な「ストレスコーピング（ここでは『気晴らし』の意味です）」**を教えるのもいいでしょう。カラオケやダンス、テニスに水泳など、「気晴らし」の方法はいくらでもあるはずです。

「ストレスのガス抜き」の方法は、人によって異なります。その人にもっとも適した方法を、じっくり探してみましょう。

【しずかちゃんタイプの伸ばし方――②】

感情を表に出さない人

～「しずちゃんの心の秘密」（てんとう虫コミックス28巻）より～

カウンセリングの世界に入った者がまず勉強するのが、「クライアントの仕草や態度を見ることの重要性」です。人間は言語だけでなく、態度や仕草なども使って会話をしています。感情が表に出にくい人と接するときは、そんな「言語外のことば」に注目することが重要です。

「なにがいいかなあ。まようなあ」
のび太君は悩んでいました。どうやら「お金がかからなくて大よろこびされるような、しずちゃんへのプレゼント」を考えているようです。しかし、誕生日のサプライズにするつもりのため、本人に直接聞くわけにはいきません。
「よろしい、本人にきかずに、本人の意見をしゃべらせよう」

ドラえもんはそう言うと、4次元ポケットからなにやら取り出しました。

これは「体の一部から遺伝情報を抽出し、本人の人格を投射する」というひみつ道具です（やろうとすれば、銀行の暗証番号も聞きだせるかと思うと、恐ろしい道具ですね）。

さっそく「カミぬきミラー」でしずかちゃんの髪の毛を抜き、「アンケーター」に入れて意見を聞いてみました。

まず、のび太君が提案したのは、「おやつつめあわせセット」。

ガムやチョコ、ビスケット、おかしメンなど1ヶ月の食べ残しを集めたというブツです。

当たり前ですが、しずかちゃんの人格は嫌な顔をしました。

次に提案したのは、1年かけて集めた「雑誌付録大全集（当時の漫画雑誌は豪華な付録がついたことで有名でした）」。しずかちゃんの人格はそっぽを向いてしまいました。

そこで、質問を変えて「いちばん欲しいものはなに？」と聞きました。

答えはなんと「電子オルガン」。二番目は「すてきなドレス」、三番目は「テニスコート」。

いずれも高すぎて、叶えられるものではありません。

しかたがないので、他のメンバーがなにを用意したのかリサーチすることにしました。

ジャイアンが用意したプレゼントは当然のように「自分の持ち歌100曲が入ったカセットテープ」というとてつもない兵器。一方、スネ夫君のプレゼントは、なんと大人気トップスター「田之木彦彦《たのきひこひこ》（当時は『たのきんトリオ』が人気でしたね）」のサイン。

スネ夫君のプレゼントに驚いたのび太君とドラえもんは、さらにアイディアを絞ります。

そして、物ではなく、食べ物にすることに落ち着きました。

どうせプレゼントするならば、しずかちゃんの一番の好物にした方がいいはず。

そこで「アンケーター」で呼び出した人格に、一番好きな食べ物を尋ねました。

「二番めにすきなのはチーズケーキよ」

もう一度聞きましたが、

「おすしが三番めにすきなの」

とのこと。なぜか、「一番」をなかなか教えてくれません。

ドラえもんが強い口調で無理に尋ねると、

「やきいも‼」

と答えました。しずかちゃん（の疑似人格）は顔を真っ赤にしながら、

「前からいっぺん山のようにたべてみたいと夢みてるんだけど——。イメージダウンがこわくて……」

と恥ずかしそうに言いました。

2人は早速「日曜農業セット」でサツマイモを育てました。

そして誕生パーティーで、

「心ばかりのプレゼントです。きみの大すきなもの‼」

山盛りの焼き芋をドスン、とプレゼントしました。

その帰り道、腕を組んで悩み顔ののび太君とドラえもん。

「どうしてあんなにおこったんだろう」

「機械のほうが正直すぎたんだなあ」

そう言いながら、とぼとぼと帰途につきました。

＊　＊　＊

さて、なぜのび太君はしずかちゃんに嫌われてしまったのでしょうか。

理由は簡単。

それは、「しずかちゃんの人格が焼き芋を一番好きなことを明かしたがらなかった理由」をまったく考慮に入れなかったからです。

今回の話では、しずかちゃんの人格は、一番の好物を2人になかなか口にしませんでした。

本人にとってはおそらく、それだけ焼き芋が『大好物であることが恥ずかしいもの』だったのでしょう。その大好物を、さも「君の大好物でしょ?」と言いたげにプレゼントしたことが、しずかちゃんの逆鱗に触れてしまいました。

これは典型的な**「ノンバーバル・コミュニケーションを無視したことによるトラブル」**のひとつです。

「ノンバーバル・コミュニケーション」とは、直訳すると「非言語コミュニケーション」となります。本節の冒頭で述べたように、人間のコミュニケーションには、表情や仕種といった言語以外のツールがあります。それらを総称した用語です。

「しずかちゃんタイプ」は、感情が表に出にくい傾向があります。

しかし、そのような人であっても、「ノンバーバル・コミュニケーション」に目を向けると、何を考えているかがわかってきます。

たとえば、部下に残業を頼んだところ、

「分かりました、任せてください!」

と、その部下が言ったとします。

そのような時、相手はどのような表情をしているでしょうか。

人は意外と相手の目を見ないで話していることが多いため、気づかないことが多いかもしれませんが、もしかしたら**その部下は不服そうな顔をしている**のかもしれません。言葉だけ聞けば快く残業を引き受けているように思えても、実際は、

「本当はこれから用事があるんだよな……」

と、不満に思っているのかもしれないのです。

感情が言葉を通して出にくい人と接する際は、**わずかな見た目の変化に気づくことが重要**です。そのうえで、**気がついた点があれば「大丈夫？」などの声かけをこまめに行っていくと、相手の本心を徐々につかむことができる**でしょう。

【しずかちゃんタイプの伸ばし方―③】

注意されるとすぐに落ち込む人

～「鏡の中の世界」（てんとう虫コミックス33巻）より～

ナイーブで繊細なところがある「しずかちゃんタイプ」、「これは○○したほうがいいよ」とちょっと叱られただけですぐに落ち込んでしまい、叱った側も気が引けてしまうということがあります。そのような相手をうまく伸ばすには、「褒めながら叱る」という方法が有効です。

「このやろ。もうゆるさねえ」

何をやらかしたのか、またもジャイアンを怒らせたのび太君。きわどいタイミングで自宅に逃げ込むことに成功しましたが、怒りが収まらないジャイアンは、

「おまえをみるたびにぶんなぐるからな」

と、家の外でわめいています。

恐ろしくなったのび太君は、「もう一生、家の外へでないもん！」と押入れに閉じこもってしまいました。

そこでドラえもんは、「入りこみ鏡」を取り出します。これは「鏡の中の世界に入り込める道具」です（この道具は『のび太と鉄人兵団』で大活躍しましたね）。

それを使って何とかジャイアンたちをやり過ごす、のび太君。

しかし、ここでいつもの悪い癖が出てしまいます。

のび太君はドラえもんをやりこめて鏡を奪うと、またもやそれを悪用し始めました。まずはスネ夫君にちょっかいを出し、ジャイアンにボコボコにさせて、おやつを横取りします。つぎにジャイアンにもいたずらし、ジャイアンママにボコボコにさせました。

みずからを「ミラー貝入」（「ミラー怪人」と書くつもりだったようです）と名乗るのび太君、今度はしずかちゃんの家に忍び込みました。

近所迷惑だからとバイオリンの演奏をママに止められ、

「あたし、ピアノよりバイオリンがすきなのに」

というしずかちゃん。それを見たのび太君は、彼女を鏡面世界に案内します。

そして、しずかちゃんのバイオリン演奏会が始まります。

「えんりょなく思いっきりでかい音で」と言われたため、本当に力の限りに演奏をするしずかちゃん。

「ブギ～～～！　ガギ～、バリバリ、ギコ」と、空いっぱいに彼女の聞くに堪えない演奏が響き渡りました。

脂汗を流しながら聴いていたのび太君、

「バイオリンはいつでもひけるから」

と終わらせると、その後も鏡をつかって悪さを繰り返し、鏡の中の世界を満喫します。しかし、鏡の中の世界で遊んでいたところ、バレーボールが直撃して鏡が割れてしまいます。

もとの世界に戻れなくなった、のび太君としずかちゃん。

夜になっても帰ってこないことを心配したドラえもんがうまく気づいてくれたため、スモールライトで小さくなって、なんとか脱出することができました。

「ただいま帰りました。もう二度とかってなことはしないから……」

そう言ってドラえもんに謝るのび太君を見て、

「いつも同じことといってる」

と、しずかちゃんは笑いました。

＊　＊　＊

意外と知られていないことなのですが、実はしずかちゃんは「猛烈にバイオリンが下手」なのです。ジャイアンのようにリサイタルを開くことはあまりないので問題は表面化しておりませんが……。

しかし、だからといってしずかちゃんのようなタイプの人に、**「君はあまり上手じゃないからやめた方がいいよ」などと言ってしまうと、強く落ち込んでしまう**のは容易に想像がつくのではと思います。

ビジネスの世界でも、ちょっと叱っただけで、

「やっぱり俺はダメなんだ……」

などと落ち込みやすい人がいます。こうしたタイプの部下や同僚に注意するときは、あれこれ気を遣わなければならないので、非常に大変ではないでしょうか。

「相手を傷つけないように、注意する」ためには、相手にうまく問題点を伝えることが重要になります。

ここで知っていただきたいのが、

「困った人は、『困った行動をとる人』というだけのことである」

ということです。

しずかちゃんタイプの人に注意するときは、**「過去に起きた問題を蒸し返す」「人格を否定する」といった叱り方をすると、相手を落ち込ませるだけです。人格などを否定するのではなく、「行動のみ」をとりあげる必要があります。**

具体的な声のかけかたですが、「自尊心を傷つけない」ことが大切です。

しかし、「自尊心を傷つけない叱り方」と言われても、なんとなくピンとこないことでしょう。

わかりやすく言ってしまうと、

「まずは、今までの行動で良かった点を褒める。その後で注意を行い、今後の見通しに期待するかたちで終わらせる」

という声かけをすることです。

このお話におけるしずかちゃんに声かけをするならば、

「いつもピアノはすごく上手だよね。バイオリンもいいと思うけど、少しピッチがずれているような気がするな。音感は優れているんだから、その点を変えればすごくいい曲になるんじゃないかな」

といった具合でしょう。

こうしたかたちで自分の気持ちを伝えるようにすれば、相手の気分を落ち込ませることなく、注意を聞き入れてもらえるようになるでしょう。

【しずかちゃんタイプの伸ばし方―④】

陰で悪口を言ってしまう人

〜「透視シールで大ピンチ」（てんとう虫コミックス23巻）より〜

表向きはおとなしくても、陰では悪口を言っていたり、インターネットなどに不満をぶちまけてしまう人がいます。どういったことに注意すれば、そうした行動を減らすことができるのでしょうか。しずかちゃんを例に考えてみましょう。

ある日、のび太君は、しずかちゃん、出木杉君の3人で学校から帰りました。その途中、出木杉君がしずかちゃんにノートを手渡しました。気になったのび太君は中身は何かと訊ねますが、「ヒ・ミ・ツ……。ウフフ」などと言って教えてくれません。そればかりか、出木杉君としずかちゃんは2人っきりで帰ってしまいました（余談ですが心理学的には、2人だけの秘密を作るとより親密になれるといわれております）。

仲間はずれにされたのび太君は、帰ってくるなり出木杉君を「人類の敵」呼ばわりします。

「あいつなんか、頭はいいし、スポーツは万能だし、男らしくて親切で……」

ドラえもんに「悪いとこないじゃない」と言われると、「だから、きらいなんだよ」とふて寝するのび太君。そこにママがやってきて、ボールペンとシャープペンのセットをくれたおじさんにお礼の手紙を書くように言いました。

しかし、のび太君は書き終えたものの、便箋に「のび太」と書いたか、「のび犬」と書いたかわからなくなってしまいました。

封を開けて確認するのが面倒くさいと思ったのび太君は、ドラえもんに「透視台」「透視シール」を出してもらいます。これはシールを貼ったものの中身を見ることができるというひみつ道具です（こんなことしなくても、トイレットペーパーの芯を使って覗けば、封筒の中身くらいなら透視できること、知らなかったのでしょうね……）。

それで確認し（なんと、「犬」の部分と「太」の部分の両方に点をつけていました……）、手紙を出し終えたのび太君。いつものように道具を悪用する方法を思いつきます。どうやら「ノートに貼っておけば宿題の内容を映し放題」と考えたようで、出木杉君のノートにシールを貼ってしまいます。

そのとき、うっかりしずかちゃんと出木杉君の交換日記（冒頭のノートですね）にもシールを貼ってしまいました。

「透視台」で交換日記を盗み見ると、そこには色々なことが書いてありました。

「きょうは、のび太さんが宿題をききにきて練習できませんでした」

「練習のじゃまになるようなら、うちへよこしなさい。教えます。でも、のび太くんが自分でやるのがいちばんいいんだけど」

それを読んだのび太君は「なんだなんだ‼　2人してぼくのことばかにして‼」と怒り、鉛筆を持ち出して、透視台に「バカ」「あほ」「マヌケ」「ピーマン」などの落書きをしてしまいました。

次の日、しずかちゃんがそのノートを見ると、見覚えのない落書きがありました。実は、透視台に落書きすると、ノートにも写ってしまうという仕掛けがあるようでした。

それを見た出木杉君は、

「すごくへたくそな特徴のある字だから、家へ帰って友だちからきた年賀状の筆せきとてらしあわせる」

と言いました。いたずらがバレたら大変です。のび太君はなんとかノートの落書きを消そうとしますがうまくいきません。

ノートの落書きと、年賀状の筆跡を照合しようとする出木杉君。しかし、落書きはなぜか消えてなくなっていました。ドラえもんが「透視台」の落書きを消したため、ノートの落書きも消えたのです。

「もう二度とかさないからな‼」

ドラえもんがそう言うと、

「ぼくも、そんなもの二度とみたくない」とのび太君は嘆きました。

＊　＊　＊

交換日記には、しずかちゃんの本音が結構出ております。のび太君と遊ぶこと自体は嫌でないようですが、練習の邪魔をされることがあることを、少し迷惑に感じているのでしょう。人間を一番傷つけるのは事実である、などと言いますが、このお話を見ればそれがよくわかります。

「しずかちゃんタイプ」の人は、基本的に怒りや不満といった感情を内面に押し込めてしまうことが多い、ということはすでにお話しました。

それを大爆発させるタイプもいますが、今回のしずかちゃんのように、**ガス抜きとして「陰で不満や悪口を言ってしまうタイプ」**もいます（まあ、今回のケースだと「悪口」の範疇には入っていないのですが……）。

現実の世界でも、こうしたタイプは多いものです。誰が聞いているのかわからないにも関わらず、居酒屋で取引先や外注先の悪口を言う部下。最近では、インターネットの掲示板などで上司の実名を挙げるなどして自分の会社を批判するような人もいるようです。

こうした行動をいさめるには、相手の「感情情報」に目を向けることが重要です。

人間のコミュニケーションには、単純に事実を伝える『意味的情報』と、そのときの自分の気持ちを伝える『感情情報』の2つがあります。

実は、陰口ばかり言う人は、陰口を通じて「自分を認めてほしい、受け入れてほしい」という『感情情報』を発しているケースがあります。

たとえば、得意先に対してこんな陰口を言う人がいたとします。

「A社の部長、いつも無理難題ばっかりで参るよ。同じ人間だとはとても思えない」

こうした発言の陰には、

「そんな得意先を相手に頑張っている自分を褒めてほしい」

という気持ちがあることがわかると思います。「しずかちゃんタイプ」の人は、**幼少期から「手のかからない良い子」として扱われてきていることが多いため、『自分に関心を持ってもらう』ことに強い欲求がある**可能性もあります。

「しずかちゃんタイプ」は感情表出が苦手なため、「感情を受け入れてもらえた」と思うと、気持ちが楽になることが多くあります。

そこで、相手が「うちの上司ってさ……」と悪口を始めたら、**「〇〇ということで不満があって、本当につらいんだね」というかたちで感情を受け入れ、そのうえで、「そんななかでも頑張っている君はすごいな」と認める**ようにすると、少しずつですが悪口は減っていくことでしょう。

もっとも、陰口にはすぐに止めさせなければならないものもあります。たとえば、居酒屋などで取引先の悪口や、会社の機密情報を含んだ陰口を話し始めたら、一刻も早く止めた方が賢明です。

そんな場合は「なぜ、この場で悪口を止めなくてはならないのか」を伝える、言い換えるならば、**「相手のために悪口を是正している」ことをわかってもらう**ことが重要になります。

たとえば、

「知り合いの○○さんは、そういう発言を得意先に聞かれて大問題になったよ」

「この悪口が上司に聞かれたら『機密を漏らすやつだ』と思われて、評価が下がるよ」

などといった注意の仕方がこれに当たるでしょう。相手がそれでもまだ話したがっているような素振りならば、あとで他の場所で話を聞くと付け加えれば、なお効果的です。

相手の問題行動を注意する場合は、相手の感情に目を向けると解決の糸口が見つかります。なぜそれが悪いのか、**相手の感情を踏まえ、きちんとした理由を話す**ことで少しずつ相手の行動を改善させていくことができるでしょう。

【しずかちゃんタイプの伸ばし方――⑤】

他人に気に入られようとしすぎる人

～「自信ぐらつ機」（てんとう虫コミックス37巻）より～

「自分を安売りする」という言葉があります。一般的には、自分の市場価値よりもはるかに低いとされる仕事に就いたり、悪い方に不釣合いな異性と交際するようなことを言うようなのですが……、そうした行動をとる人の背景には、いったい何があるのでしょうか。


腕力に絶対の自信があるジャイアン。

お金と頭とルックスに絶対の自信があるスネ夫君。

彼らを見て、

「どうでもいいけど……。自信たっぷりなやつっていやだね」

というのび太君。

家に帰るとママに「草むしりの約束をしたでしょ」と（のび太君は『そんな覚えはない』と言いますが取り合ってくれずに）仕事を押しつけられます。

そこに怒り心頭で帰ってきたドラえもん。どうやら、お店で買ったドラやきが少し甘すぎたそうです。

そのことをお店の主人に言うと、

「わしは自分のドラやきにぜったい自信がある！　ロボットなんかに味がわかるか！」

と追い返されたようです（……このセリフ、すごく突っ込みどころが多い気がします……）。

そこで、ドラえもんは、受信アンテナをつけた人が自分に自信をなくすというひみつ道具、「自信ぐらつ機」を取り出しました。

この道具を使ってお店の主人や、のび太君のママをやり込めた2人。しかし、いつものようにのび太君はドラえもんを出し抜いて、道具を悪用し始めました。

みんなに受信機を取り付けたのび太君。ジャイアンに自分の腕力への自信を失わせると、暴行を加え始めました。それを見たしずかちゃんが止めに入ると、のび太君はしずかちゃんにもアンテナをつけました。

「ぼくにきらわれたら、きみなんかまずだれもおよめにしてくれないね」

そう言うと、しずかちゃんは、

「おねがい、きらわないで」

と涙を流してのび太君にすがり付きます。

家に帰ると、同じくのび太君に受信機をつけられたドラえもんが、

「なにかだすたびにのび太はろくなことしない。こんなつもりで22世紀からきたんじゃなかったのに……。自信なくした、帰る」

と言って22世紀に帰ろうとしていました。

もうしないから帰らないでと、のび太君がドラえもんを引き止めるところで話が終わります。

＊　＊　＊

ドラえもんは、本当にドラやきにはうるさいですよね。

そういえば少し前に『ザ・ドラえもんズ』という、全世界のドラえもんが出てくる派生

作品がありました。どの世界のネコ型ロボットもドラやきが大好物で、アメリカの「ドラ・ザ・キッド」はドラやきにケチャップとマスタードをかけて食べるなど、食べ方にも強いこだわりがありました。彼らの食べ方を見るに、**ロボットの味覚は人間と異なる**のかもしれません。

それはさておき、人によく思われたいという感情は誰でも持っていると思います。

しかし、それが高じるあまり、

・周りの頼みを断れないため、仕事を押しつけられてしまう
・得意先との摩擦をおそれて、無理な要求も呑んでしまう

といったタイプの人が身近にいるのではないでしょうか。

さて、今回のお話におけるしずかちゃんの行動を見ればおわかりかと思いますが、**「過剰に人に気に入られようとする人は、自信＝自己肯定感が低いため、他者から見捨てられることを過剰に恐れている」**という傾向があります。

「私みたいな人とつきあってくれるんだから、我慢しなくっちゃ……」

美人なのに男運が悪い女性はよくこんなことを言いますが、この発言などはまさに「自己肯定感が低いため、見捨てられることを恐れている」のよい例でしょう。

こうしたタイプは、交流分析の「ＯＫ牧場（どこかで聞いたことがあるかもしれませんが、某元ボクサーとは無関係の心理学用語です）」でいう**「You are OK, I'm not OK（あなたは正しい。私は正しくない）」**という考えを強く持っているケースがあります。

そうした人を伸ばすには、当然ながら「自己肯定感」をつけてもらうことが重要になります。……と口で言うのは簡単ですが、具体的な行動をとるのは非常に困難です。

なぜならば、このようなタイプの人は**「不合理な認知」**を抱えているケースが多いからです。

その代表的なものとして挙げられるのが、**「過大評価・過小評価（自分の欠点を過大に評価し、自分の長所を過小に評価すること）」**でしょう。

たとえば、「頼みを断れないために、毎日残業している人」がいたとします。その人が限界を超えてがんばっているのは、「過大評価・過小評価」に当てはめて考えると、「私は見た目が悪いから、人一倍努力しなければ居場所が作れない。残業が終わらないのは、単に私の能力が低いからだ」

という考えを持っていると考えることができます。こうした「認知のゆがみ」があると、それが足かせとなり、自己肯定感を持つことができません。そのような相手には、

「客観的に見て、周りと自分の仕事量にはどんな差があると思う？」

「見た目が悪いというけれども、それはどんなところから感じていたのかな？」

といったかたちで**「自己評価のゆがみ」を是正していくようにすると、少しずつ自分に自信を持てるようになっていく**ことができると思います。

それにくわえて、「かわいいとか要領がいいとか、関係なしに私はあなたといるのは好きだよ」など、**「無条件に相手を受容する」**言葉をかけるのも、相手に自己肯定感を身につけさせるうえでは重要なポイントになります。

【しずかちゃんタイプの伸ばし方―⑥】

完璧主義な人

～「ハッピープロムナード」（てんとう虫コミックス21巻）より～

完璧主義。本来これ自体は悪いものではないのですが、「しずかちゃんタイプ」の人の場合は完璧を追い求めすぎるあまり、抑うつ的になってしまうことが多くあります。そのような相手を「がんばりすぎない」ようにさせるには、どう接していけばいいのでしょうか。

「家へ入るの、気が重いな」

今日もテストで０点を取ったのび太君。気晴らしにしばらくしずかちゃんと遊ぼうと思いました。

しかし、しずかちゃんもしょんぼりと落ち込んでいます。理由を聞くと、

「ママにしかられたの」

とのこと。どうやら**テストで『85点しか取れなかった』**ために、

「もっともっと勉強しろ」

と叱られたようです。**それを聞いてのび太君も気分が前より重くなってしまいました。**

そんな時に、しょぼくれた顔のおじいさんが百科事典のセールスにきました。

おじさんはのび太君相手にセールスを始めましたが、「あのう……。だめだろうなどうせ」などとまったく自信がありません。のび太君にも簡単に追い返されてしまいました。

セールスのおじさんが帰ると、のび太君はますます気分が落ち込んで倒れてしまいました。ドラえもんはそんなのび太君をなんとかしようと、「ハッピープロムナード」を取り出します。これはVの字が刻まれた絨毯で、Vの字が広がっている方に歩くと気分が明るくなるという道具です。

「ハッピープロムナード」の上を歩いて、気分がよくなったのび太君。さっそくその道具を持って、しずかちゃんの家に遊びに行くと、しずかちゃんの気分も明るくしてあげました。

その後、のび太君たちは先ほどのセールスマンに会いました。

「どうせ売れないだろうけど、この家へ入ってみよう」

そんな態度で売れるはずがないと思い、彼にもプロムナードを歩かせます。

するとおじさんはうって変わって明るくなり、

「ごめんください！　おもしろくてためになる百科事典！」

と飛び込んでいきます。明るい口調でのセールスが功を奏し、見事に契約がとれました。

最後は、0点をとったことを聞いて追いかけてきたママとのび太君が、間違えてプロムナードを逆にわたってしまい、

「ママはもうなさけなくてなさけなくて……」

「世の中いやになった」

と、お互いに涙を流すところで話が終わります。

＊＊＊

テストで85点。

普通に考えれば、問題ではない点数でしょう。

それなのにしずかちゃんは、

「85点『しか』取れなかった」

と落ち込んでしまいます。

一方で、のび太君は「具象化鏡」などの例を見ればわかるように、「65点『も』とれた」と、大喜びをします。10点でも「思ったより良い」というくらいですから、彼は意外とプラス思考が強いのでしょう。

ネガティブになりやすい人は、この話でのしずかちゃんのように**「不合理な認知」のひとつである「ゼロサム思考」に陥ってしまう**ことがよくあります。

ゼロサム思考とは簡単に言えば**「100点でなければ0点と変わらない」という考え方**のことです。完璧主義の人の場合にはこのような認知を持っている場合が多く、

・100枚書類を片付けるも、1枚間違えただけで「自分はダメだ」と思う
・朝、身だしなみを少し注意されただけで「自分は社会人失格だ」と思い込む
・企画の問題点をひとつ指摘されただけで「俺は企画能力がない」と感じてしまう

など、さまざまなケースがあります。

完璧主義でネガティブになりやすい人と接する際は、**「こちらに完璧主義を押しつけてくる」ことはもちろん、「周囲にもネガティブな気分を伝染させる」ことがある**ため、注意が必要です（このお話でものび太君はしずかちゃんの「完璧主義」の影響で、深く落ち込んでしまいました）。

さて、このような相手に対してはどのような介入方法が有効でしょうか。

「完璧であることを追い求めすぎてしまう」人の場合は、認知療法のアプローチと同様、その人のなかにある「不合理な認知」を変えていくよう、うながすことが重要です。

具体的な方法としては、**その人の「できていないところ」ではなく「できているところ」に目を向けていく**ことになります。

たとえば、企画書に多少ミスがあったことで落ち込んだ人がいたとしたら、「この部分はとてもいいと思う。よく考え付いたな」などとその人が「できているところ」、すなわち「企画の発想力」などを褒めて、認めている態度を見せると、「１００点じゃなければ０点というわけではないんだ」と自分を受け入れられるようになっていきます。

それでは、のび太君のように「テストで０点をとった人」ならばどうでしょうか。

……これはなかなか難しいのですが、

「それでも最後まであきらめずに解こうとしたんだね」

など**「最後まで頑張ったことを褒める」**などの方法があるでしょう（こんな褒め方をすると、相手を甘やかすことになるんじゃないか、と思うかもしれませんが……）。

完璧主義の人間とは、言い換えれば「常にトップギアで走っているF1カー」のようなものです。無理をさせすぎるとエンジンが焼け付いてしまい、結局、ピットインをするか、リタイアをすることになってしまいます。その人が自分を受け入れて、自分なりに頑張れるようにうながすことが、長期的に見れば一番有効な伸ばし方になるのです。

【しずかちゃんタイプの伸ばし方―⑦】

周りの行動に過敏な人

～「腹話ロボット」（てんとう虫コミックス32巻）より～

「しずかちゃんタイプ」の人は、周囲の反応に極めて過敏な性格傾向があるため、「自分は周りに○○と思われているんじゃないか……」といった強い不安を持っていることがあります。その不安が高じると、ときに問題行動に発展してしまうことがあるので注意が必要です。


ジャイアンが新曲を作りました。

聴きたいかと尋ねられたのび太君。よせばいいのに、

「ききたいききたい。どうせきかされるなら、いやなことは早くすませたい」

と言って、ジャイアンを怒らせてしまいます。

なんとかその場を逃げ出したのび太君は、テストのデキが悪かったことをママに叱られ

ると思い、

「その美しい……、というほどでもない顔が、しわくちゃになるじゃんか。みるにたえないよ」

などと、またもや余計なことを言って怒らせてしまいました。

口は災いのもとを身を持って実践するのび太君、ドラえもんに「口がうまくなりたい」とすがりつきます。そこでドラえもんが取り出したのは「腹話ロボット」。肩に乗せるとロボットが人間の口を動かし、相手を口車に乗せることができるという道具です。

さっそくロボットを肩に乗せてみると、タイミングよくママから庭の草むしりを頼まれました。

「あれ（草むしり）をすると、すっきり美人になるんだよね。腰をかがめるでしょ。ウエストをひきしめる運動になるんだよ。草の葉緑素が、指から吸収されて肌がきれいになるしね」

かなり強引な理論でしたが、ママは納得（**この方法は前述した『文脈合わせ』ですね**）。草むしりを回避できただけでなく、お小遣いまでもらえました。

のび太君はロボットを肩に載せたまま、外に遊びに出かけました。

その途中で担任の先生に遭遇し、テストのことを怒られてしまいます。すると、ロボットがまたもや言い訳を始めました。

「ぼくには、自分さえ成績があがればという考え方がどうしてもできないんです。かりに……頭のいい子ばかりのクラスがあったとして……。そのクラス全員が必死に勉強したとしてもテストをすれば……、かならず順番がついてだれかがビリになる‼　だから……だからぼくがぎせいになって0点を……」

先生は感激し、「これからもがんばって、0点をとりなさい」と言いました。

その後、のび太君はどこでもドアを使ってしずかちゃんの家に行くことにしました。しかし、なぜかつながったのはしずかちゃんの家のお風呂。

「また」

と湯船に潜るしずかちゃん（もう慣れっこになってしまっていますね……）。

すると「腹話ロボット」は、

・元々人間は裸であり、人間は本来裸でいることが正しい
・世界の美術館でも裸の絵や彫刻でいっぱいである。それは美しいからである。つまり裸こそ永遠の美のテーマである

などの論理を展開。**それを聞いたしずかちゃん。見事に口車に乗せられて、**

「そうか！　じゃあ、はずかしがるのがまちがいなのね。服なんかきなくていいのね！遊びにいきましょ」

と、なんと全裸で街に繰り出します。とどめとばかりに、

「そうとも、そのまま町じゅうをかけまわろう！」

などと、調子のいいことを言い放つ腹話ロボット。のび太君は慌ててそれを止めました。腹話ロボットを止めると、ごまかしがばれる仕組みになっています。最後は、それまでペテンにかけられた人たちが、憤怒の表情でのび太君を探しまわるところで話は終わります。

＊＊＊

つねづね思うのですが、この「腹話ロボット」といい、「悪魔のパスポート」といい、「人の心を支配できる道具」は強力すぎますね。あまりに効果が高すぎるために「使用禁止アイテム」になっているのか、この手の道具は「大長編　ドラえもん」にはほとんどできません。

それはさておき、しずかちゃんは1日に3回もお風呂に入るほどのきれい好きです。

その理由について、のび太君はコミックス18巻で「よっぽどきれいずきなのか、よごれっぽいのか」などと推測しておりますが、もしかするとしずかちゃんは、**「周りから自分がどう思われているのか、非常に敏感になっている」**という理由で入浴を繰り返しているのかもしれません。

周囲に悪く思われるのが嫌だから、毎日何回もお風呂に入っていると仮定すると、「人は常に全裸でいることが一番望ましい。逆にいえば、服を着ていることは恥ずかしい行為である」という腹話ロボットのめちゃくちゃな理論にも、うまく乗せられてしまったとも解釈することができます（まあ、そもそもこのロボットの性能がとんでもないのですが……）。

彼女が「周囲の評価に敏感」なタイプかどうかは定かではありませんが、「周囲は自分のことをどう思っているのだろう?」と気にしすぎて、不安を強めたり、問題になる行動を起こす人はいるのではないでしょうか。

たとえば、恋愛において異常に疑り深く、

「あなた、浮気しているんでしょ？」

と痛くもない腹を探ってきたり、対人関係でも、

「あいつ、俺の悪口とか言ってなかった？」

「なあ、人事は俺の評価についてどんなこと言ってた？」

などと過剰に自分の評価を気にする方は多いと思います。

こうした相手と接する場合は、「恋愛妄想」でも話したように、まずは**「肯定も否定もしない」ことが大切**です。

こうしたタイプは、否定をすると疑いを強める傾向があります。たとえば浮気を疑われた時、「浮気？　そんなのしてないよ」と答えたとしても、「嘘だ！」などと返されてしまいます。陰口を疑う同僚に「悪口なんて言ってなかったよ」と話しても、最悪の場合、「こいつ、本当は口止めされているんじゃないか」などと勘ぐられてしまいます。下手に否定するのは逆効果である場合もあるのです。

重要なのは、「何を言うか」よりも、「相手が何を考えているか」を理解することです。

「相手の言動にとにかく敏感な人」は、内面に「不安」を持っているケースが多くあります。

そこでまずは訴えを遮らず、

「(浮気を疑う場合は)なぜ、そう思うのか?」

「(陰口を疑っている場合は)その人となにかあったのか?」

などと発言をうながし、その人の内面の感情を表出させる(これを心理学用語で「カタルシス」といいます)と、それだけである程度、相手の気持ちは収まっていくものです。

話を聞く際には、**「うん」「なるほど」などとうなずきながら、しっかり相槌を打ち、「いや、でもさ……」と相手の感情を妨げるような反論をしない**ことが重要になります。

そのようにして、その人の内面に抱えている不安を表出させ、それを受け入れるようにしていくと、徐々にその人の「周囲の反応に対する不安」は和らいでいくでしょう。

【しずかちゃんタイプの伸ばし方――⑧】

お人好しが原因で損ばかりする人

～「魔女っ子しずちゃん」（てんとう虫コミックス26巻）より～

ひとは「誰かの役に立ちたい」と考えるものです。しかし、その考えが強いあまり「自分の身を犠牲にしてでも誰かを助けよう」と思うと、結局は無理がたたって抑うつや不適応の要因となってしまいます。そのような人が身近にいたら、十分に注意を向けることが大切です。

魔法使いにあこがれて、1人で「シンデレラごっこ」をしていたしずかちゃん。箒にまたがって独り言をいっていたところをのび太君に見られてしまいます。
「あたしね、小さなころから……、魔女にあこがれてたの。童話みたいに、魔法でパッパッとなんでもできて、こまってる人なんかたすけてあげたら、どんなに楽しいだろうなって」と密かな夢を話してくれたしずかちゃん。のび太君はそれを聞いて、

「ドラえもんに頼めば、できないことないさ」

と安請け合いしてしまいます。

さっそくドラえもんにおねだりしましたが、「人を魔法使いにする道具なんてあるもんか‼」ととり合ってもらえません（てんとう虫コミックス37巻では「魔法事典」という道具が出てきますが……、この時はまだ持っていなかったのでしょう）。

のび太君がいつものポーズ（壁の方に向かって腕を組み、胡坐をかく格好です）でいじけていると、

「魔法を使ってたすけたい人を、しずかちゃんがみつけたら、ぼくがてきとうな道具を貸してあげる」

と、ドラえもんは約束してくれました。

それからしばらくして、しずかちゃんがのび太君の家にやってきました。

ドラえもんは「無生物さいみんメガフォン」でしずかちゃんに空飛ぶ箒を作ってあげると、「タスケテ帽」を貸してあげました。「いちいち道具を借りにくるのはまどろっこしい」というしずかちゃん。結局、ドラえもんは四次元ポケットごと貸し与えることにしました。

一日中、街を飛び回って多くの人の役に立ったしずかちゃん。大満足でのび太君たちに道具を返しました。

タスケテ帽をのび太君が被ると、反応がありました。

何かと思って行ってみると、そこにはなんと、

「こんなおそくまで夜遊びする子は、うちの子じゃありません!!」と言われて家から閉め出されていたしずかちゃんの姿がありました。

＊　＊　＊

突然ですが、**『鶴の恩返し』**という昔話はご存知でしょうか?

あの昔話は社会心理学（俗に恋愛心理学・ビジネス心理学といわれるものは、たいてい社会心理学の範疇だと思います）の世界で**「カリギュラ効果（人は禁止されるとやってしまいたくなること）」**の説明としてよく使われています。しかし、実は**臨床心理学でも引き合いに出される**ことがあります。それは、「お鶴」の行動についてです。

「お鶴」は、作中で「自分の羽根をむしって」反物を作っていました。老夫婦が仮に機織りする姿を覗かなければ、いずれは羽をすべて失い、飛べなくなっていたことでしょう。

「お鶴」のような「自分を痛めつけるようなことになっても、周りの世話をし続ける人」は、「バーンアウト（燃え尽き症候群）」に陥るおそれがあるため、看護や福祉といった対

人援助職に就く場合は注意が必要だ、と説明されることがあります。

さて、今回の話のしずかちゃんを見ると、「人のために役に立ちたい」という気持ちで、対人援助職である「魔女っ子」になりました。

そして人助けをしていきましたが、結局それが自分自身の不幸になって帰ってくるという結果に陥ってしまいました。

現実の世界でも**「誰かのためにがんばる」ことが原因で、進んで損ばかりしてしまう人**がいます。

しずかちゃんの例を見てもわかるように、そのような「がんばり」を続けても、あまり良い結果を生みません。自分の生活が割りを食うことが多いため、努力は長続きせず、なによりも本人がつらい思いをすることになるからです。

では、そうした行動をする人にはどうアプローチをすればいいのでしょうか。

ここでも大切なのは、その人のことを「否定しないこと」です。「過剰適応」の理論でも、「過剰に適応している行動を無理に是正すると、かえってその人が不適応状態になる」ことが知られています。

その人に「人のために働きたい」という気持ちがあるのなら、それを否定せず、**「どう**

すれば人のために働きつつ、自分自身も大切にできるか」ということを一緒に考えていくことが重要です。

具体的な方法としては、第3章で紹介した**「アサーション」（相手の気持ちを反映したうえで、「相手の要求」と「自分の要求」のどちらも大切にできるような話し方をすること）**や、**「アイメッセージ」（第5章3節参照）**などのテクニックが有効です。それらを駆使して、相手に「無理をせず他人を頼ったり、自己主張する方法」を教えていけば、少しずつ行動を改善させることができるでしょう。

【第5章】

ドラえもんタイプの伸ばし方

お人好しで世話好きだけど、ときにお節介が高じて、相手に自分の価値観を押しつけてしまう。そんな人が「ドラえもんタイプ」にあたります。本質的には悪い人ではないのですがトラブルメーカーになることもあるこのタイプ、接する際は相手の内面をよく考え、「やり過ぎ」が起きないよう働きかけていくことが重要です。

【ドラえもんタイプの伸ばし方──①】

自分の価値観を押しつける人

～「しあわせな人魚姫」（てんとう虫コミックス19巻）より～

「男は外で仕事をして、女は家を守るべき」「プロのミュージシャンを目指すなら、正社員になるなんて言語道断」など自分の価値観を押しつける人は意外と多いものです。このような「すべき思考」は、自分だけでなく相手をも傷つけてしまうことが多いため、注意が必要です。

ある日、のび太君の家にベソ子ちゃんという女の子が遊びにきました。しかし、彼女が「すぐに泣く」ので早々と逃げ出したのび太君。代わりにドラえもんが相手をすることになりました。

そのため、仕方なくドラえもんが彼女の相手をすることになりました。

ベソ子ちゃんに絵本を読んでほしいと言われたドラえもんは、『人魚姫』を読み始めます。

……しかし、お話の結末が悲しかったため、ベソ子ちゃんは泣き出してしまいます。のび太君のママは「泣かしちゃだめじゃないの」と事情も聞かずに怒り出してしまいました（早とちりは、ママの得意とするところですね）。

「この本が、かなしいからいけないんだ」とママに怒られ、八つ当たり的な論理を展開したドラえもん、何を思ったか「絵本入りこみぐつ（大長編『のび太のドラビアンナイト』にも出てきますね）」を使って絵本の中に入ります。

最初に会いにいったのは、人魚姫に「足をあげる代わりに、お前の声をもらうよ」と言った魔法使い。ドラえもんはそんな魔法使いを、

「足ぐらい、ただでやればいいのに。かわいそうに。なさけしらず。けちんぼ」

と、ボロクソに罵ります。ついに魔法使いは泣き出して、

「やるよ、やるよ！　やりゃいいんだろ、もう」

と、声が戻る薬をただで渡してくれます。

言葉を失うこともなく足を手に入れ、王子様に会いに行った人魚姫。しかし、王子様は別の国のお姫様と婚約したといいます。

それに怒ったドラえもん、

「恩しらず。うわき者。あんた（人魚姫のことです……）もいってやれいってやれ」

とまたも言いたい放題です。

それを聞いた王子様は、

「ちっとも知らなかった。彼女がぼくを助けてくれたのか……」

と反省し、人魚姫と結婚することにしました。

そして「これでいいのだ」と、満足そうに絵本から出てきたドラえもん。

ちょうどのび太君が帰ってきました。絵本を読んで、と頼まれたのび太君は『人魚姫』を手に取りました。

「これはお話だからね、泣くんじゃないよ」

そう念を押したうえで、絵本を読み始めます。ですが、

「お話ちがう。わ〜ん」

ドラえもんがお話をメチャクチャにしてしまったことが原因で、結局、ベソ子ちゃんは泣き出してしまいました……。

＊　＊　＊

今回のお話では、ドラえもんが暴走し、結果的にベソ子ちゃんを泣かせてしまいました。

このお話で注目すべきなのはドラえもんの持っている**「『人魚姫』はヒロインのハッピーエンドで終わらせるべきである」という「認知（ものの見方や考え方）」**です。

人間（ドラえもんは人ではありませんが）はよく「歪んだものの見方や考え方」を持ってしまうことがあります（専門用語では、これを「不合理な認知」と呼んでいます）。

今回のお話におけるドラえもんは、そのうちのひとつである「すべき思考」というものにとらわれたため、ああした暴挙に出たと推測することができます。

「すべき思考」とは、

・どんなに辛くとも、男なら弱音を吐かずに努力するべきである
・嫌いな上司が相手だとしても、私はすべての人に好かれるべきである
・サラリーマンなら、残業してでも仕事を片付けるべきである

といった「こうでなければならない」という思考のことです。そのような「すべき思考」を無意識に持っており、それを自分に当てはめることによって、無理をしすぎてしまい、倒れてしまうというケースがあります。

また、**このような「すべき思考」を他人に当てはめてしまい、相手の言動にストレスを**

感じたり、実際にトラブルを起こしてしまったりするケースもあります。

ドラえもんの場合にも、「人魚姫は王子様と幸せになるべきである」といった認知から抜け出すことができず、魔法使いを困らせ、王子様の結婚相手に多大な迷惑をかけ、最後にはベソ子ちゃんまで泣かせてしまう羽目になってしまいました。

このような「すべき思考」を持っている人は、「○○であれば、△△という見方もある」といった、**「灰色的なものの考え方」**で物事を理解することが苦手な傾向にあります。今回の話にしても、ドラえもんは「人魚姫の結末は悲しいけれど、この話はこの話で素晴らしいストーリーだ」という考えを持っていれば、ああした行動は取らずに、ベソ子ちゃんと「人魚姫が泡になっちゃったから悲しかったんだね」と、感動を共有して話し合えていたことでしょう。

自分の価値観を押しつける相手に対しては、単に「むかつく」「嫌なやつ」で止まるのではなく、その人の持っている「すべき思考」がまず何なのかを理解することが重要です。

その上で、そのような**「すべき思考」を持つようになった経緯や根拠、相手の立場なども十分に考慮して、別の「思考」を与える**ようにしていくと、うまくいくことでしょう。

【ドラえもんタイプの伸ばし方―②】

良かれと思った行為で迷惑をかける人

～「精霊よびだしうでわ」（てんとう虫コミックス21巻）より～

「○○は大丈夫？」「○○を手伝いましょうか？」などなにかと世話を焼いてくる人がいます。そのこと自体はありがたいのですが、助けを頼むと必要以上に関わってきて、かえって仕事が増えてしまうこともあります。そうした人にはどう気づかせればいいのでしょうか。

ストーブの灯油がなくなり、家の中で凍えていたドラえもん。暖をとろうとして、４次元ポケットから「精霊よびだしうでわ」を取り出します。これはこすりながら呼びかけると、精霊を召喚できるというロマン溢れる道具です。

ドラえもんはさっそくその腕輪をこすると、火の精を呼び出しました。

しかし、火の精は言うことをぜんぜん聞きません。「もえるものをなんでももやすのがぼくの役目だ」と言うと、部屋のカーテンに放火しようとしました。

慌ててそれを止めるドラえもん、ちょうどその時、居間にいるパパがタバコの火を消しました。すると火の精が消え去ります。どうやらこの道具は、精霊を呼び出すためにはその精霊にまつわるものが近くになければならず、そのものが消えると精霊も消えるというシステムのようです。

そうこうしているうちに、外では雪が降り始めました。

せっかくだからと、家の外に出たのび太君。

「このひどいさむさは雪のせいだな」

そう言いながら手をすり合わせた時、偶然、うでわをこすってしまいました。現れたのは雪の精、とてもかわいらしい女の子の姿をしています。

「雪が好き？」

そう聞かれたのび太君は、「大好き！」と即答します。

喜んだ雪の精は足元の雪を盛り上げて、小さな山をつくりました。その山から滑り降りるサーフィンごっこで遊ぶのび太君と雪の精……しかし、彼女は次第に本性を現します。のび太君に雪をぶつけてきたジャイアンとスネ夫君に大雪を落としたかと思えば、心配して精霊から離れるように忠告しにきたドラえもんをブリザードで吹き飛ばしたり……。

「あんなのほっときなさいよ。ふぶきにのって遊びましょ」

と、エキセントリックな一面を見せる雪の精。のび太君は「雪はもういいよ」と言いますが、まったく取り合ってくれません。

薄着で長時間外にいたため、くしゃみをするのび太君。帰りたいと訴えましたが、

「あなたが好きになっちゃった。いつまでもいっしょにいたいわ」

と無視されます。結局、解放された時にはあたりはすっかり暗くなっていました。

その日の夜、のび太君は風邪を引いて布団の中で苦しんでいました。高熱が出ていますが、雪の精のせいで大雪が積もっているため交通網がストップしており、病院に行くこともお医者さんを呼ぶこともできません。

そんなとき、雪の精がのび太君の様子を見にやってきました。彼女はのび太君の額に手を当てると、熱を吸い取り始めました。そんなことをすれば、彼女自身が消えてしまうのにもかかわらずです。

雪の精はのび太君の額に手を当てながら、涙ながらに語りかけます。

「信じてほしいの。あなたにかぜをひかせるつもりなんてなかったのよ。ほんとにあなたが好きだったのよ」

「わかっているよ……。きみと遊んでて楽しかった」

「ほんと？　……うれしいわ」

それが2人の最後のやりとりでした。

翌朝、起きてみると雪は嘘のように消えており、のび太君の熱もすっかり下がっていました。事情を知らないドラえもんは、のび太君を連れて外に出ると春の訪れを喜びました。

＊　＊　＊

雪が降るたびに思い出す、本当に泣ける話です。

さて、この話に登場する「雪の精」は、のび太君に好意を寄せるあまり、逸脱した行動をとって、結果的にのび太君に迷惑をかけてしまいました。その原因は、ひとことで言うと**「一方的な情緒的交流」**が生じたことにあると推察できます。

雪の精は当初、のび太君に「一緒に遊ぶことで、喜んでほしい」との思いで接していたことがわかります。だが、途中から**「のび太君と一緒にいたい」という気持ちに一方的にシフトしてしまい、のび太君の状態や気持ちを無視する**ようになってしまいました。

前節のエピソードからも分かるように、このような行動は時折、ドラえもんにも見られるものですが、相手の気持ちをふまえない一方通行の交流を心理学の世界では**「一方的な情緒的交流」**と呼んでいます。

現実世界にも、こうした「一方的な情緒的交流」の持ち主はたくさんいます。
「いろいろと世話を焼いてくれるけど、それが裏目に出て騒動を起こしてしまう人」
「こっちは『もう十分だ』と思っても、援助の手を止めない人」
などがその典型的な例でしょう。

そうした行動を抑えるには、応用行動分析的な考えにもとづくと、結果として起こる**「こちらからの正のストローク」を取り去ればいい**ということになります。「こちらからの正のストローク」とは、簡単に言えば「行為に対する感謝の姿勢」。つまり「世話を焼いてもらっても感謝の言葉をかけない、喜んだ顔をしない」などがそれに当たります。

とはいえ……、それをそのままやってしまうと角が立ちます。

基本的に「ドラえもんタイプ」の人は、**「相手に喜んでもらいたい」という気持ち**を強く持っております。そのため、「余計なことはしないで！」などと拒絶してしまうと、その反動から「〇〇は人の気持ちを理解できないヤツだ」と思われ、相手を傷つけてしまうおそれがあるのです。

角を立てずにこちらの気持ちをうまくわかってもらうには、第3章で紹介した**「アサーション」が有効**です。アサーションというのは「相手の気持ちを反映した上で、相手の要求と自分の要求をうまくすり合わせること」です。

今回のお話では、雪の精はのび太君を喜ばせることに夢中になり過ぎ、のび太君が体調を崩し、帰りたがっていることに気づいていませんでした。

そんなときはまず、

「君と一緒に遊んでいると楽しいし、時間が経つのも忘れちゃうよ」

などと、**雪の精の気持ちをしっかりと肯定**し、その上で、

「でも、寒くて凍えそうなんだ。このままだと風邪を引きそうだから、よかったらまた明日遊ばない？」

といった具合に**「相手の好意を受けつつ、こちらの主張もきちんと行う」**のです。

双方の要求のすり合わせがうまく行えれば、「行き過ぎたおせっかい」も徐々に減っていくはずです。「いい人だからこそ、言いづらい」、そんなドラえもんタイプの人に困っている場合は、この方法を試してみてはいかがでしょうか。

【ドラえもんタイプの伸ばし方―③】

デリカシーのない発言をする人

～「あの日あの時あのダルマ」（てんとう虫コミックス18巻）より～

アニメではあまり気がつきませんが、実はドラえもんはかなりの毒舌家で、原作ではデリカシーのないことをずけずけ言っています。現実社会にもいるデリカシーのない人、どうすれば彼らの不快な言動を減らすことができるのでしょうか。


「ぼくは、もう……おしまいだ」

部屋の真ん中でのび太君が死んだように倒れています。ドラえもんが理由を聞くと、

「あすのテストで、０点とるんだよ」

と答えました。

「だったら、0点とらないよう勉強しろよ」と声をかけると、

「とても勉強どころじゃなくなるんだ。ママにこってりしかられるんだ。目から火がでて、頭がとろけるほど」と言いました。なぜ怒られるのか理由を尋ねると、ママが命よりも大事にしていたプラチナの指輪をなくしてしまったというのです。

そんなのび太君を見てドラえもんは「なくし物とりよせ機」を取り出します。これはなくしたものを思い浮かべるとそれが出てくるという非常にうらやましい道具です。

道具の力でママの指輪をとりもどしたのび太君は、調子に乗ってママに捨てられたマンガやジャイアンに奪われた模型、そして「どこへいったのでしょうねと、大さわぎしたムギワラ帽子」を取り返します（こののび太君の発言は昔あった映画のパロディです）。

その中で、昔大好きだった哺乳瓶を見つけます。思わず懐かしくなったのび太君は実際に牛乳を入れて飲んでみました（一見すると奇妙に見えると思いますが、これは『退行現象』のひとつです）。

そのまま涙を流しながら、

「あのころはよかった……。勉強勉強と、おいたてられることもなかったし……」

と昔を振り返ります。ドラえもんはそんなのび太君を、

「あのね、すぎた日をなつかしむのもいいけどね、それはもっと大きくなってからでもいいんじゃない？　そんなことしてるまに、もっと未来へ目をむけなくちゃ。ふりかえって

ばかりいないで、前を見て進まなくちゃ」

と励ましますが、のび太君は、

「未来？　どうせろくな未来じゃないさ。頭も悪いし、何やっても失敗ばかり……。ずうっと子どものままでいたいな。いつまでもいつまでも」

と聞く耳を持ってくれませんでした。

そんな時、おばあちゃんがくれたダルマを見て昔の日々を思い出します。

昔、庭で転んで泣いていたのび太君。そんな彼におばあちゃんはダルマを投げつけます。そして、

「さ、ダルマさんもおっきしたよ。のびちゃんだって、ひとりでおっきできるでしょ」

と、病気の体であるにも関わらず起きだして言いました。

そして、ダルマさんが何度転んでも泣かないで起きることを例に挙げ、

「のびちゃんも、ダルマさんみたいになってくれるとうれしいな。ころんでもころんでも、ひとりでおっきできる強い子になってくれると……、おばあちゃん、とっても安心なんだけどな」

そう言いながら微笑みました。

そのおばあちゃんの姿を思い出したのび太君は、また起き上がろうと決心しました。

＊　＊　＊

このお話は何度もリメイクされているため、「さようなら、ドラえもん」（てんとう虫コミックス6巻）と双璧を成す名作として知られているのではないかと思います。個人的にはおばあちゃんの話では「パパもあまえんぼ（のび太君でなくパパが甘える話）」（てんとう虫コミックス16巻）も名作だと思います。

「名言集」関連の書籍では、おばあちゃんの『発言』にばかり目が行くことが多いですが、おばあちゃんの**本当に優れているところは、『台詞』ではなく『態度』**のように思います。

おばあちゃんは泣いているのび太君に対して、一言も「男なら泣くんじゃない！」というようなことを言っておりません。そして病気の身であるにも関わらず、のび太君の側まで歩いてくると「のびちゃんが泣いてたら心配で寝てなんかいられないよ」という発言をしております。これは「どんなことがあっても、のび太君のそばにいる」という受容的な態度の理想的な例です。

そしてもうひとつ大事な点があります。

おばあちゃんはダルマさんにたとえてのび太君を励ましていますが、その時にもだるまさんを例に出すだけでなく、「そうなってくれたらおばあちゃんはとても嬉しいな」と発言をしております。

このような形で、**主語を「私」にすることとは、特に子ども相手の叱り方としては非常に重要**です。これは、アドラー心理学でいう**『アイ・メッセージ』（「あなたは〜」ではなく「私は〜」で始める会話のこと）**という理論になります。もしこれが「だるまさんだって立てるんだから、のびちゃんも自力で起き上がれるでしょ？」という言い方をしていたら、きっとのび太君の心には響かなかったでしょう。

のび太君はこの時に「テストで何度も0点を取った」「うっかりお母さんの大事な指輪をなくした」といった失敗経験で大変自尊心を損なっていました。さらにその後の発言からも分かるように「未来への展望」も失っていました。そのような時に哺乳瓶を見て、思わず退行現象が起きたのでしょう。

それに対してドラえもんは**「振り返ってばかりじゃなくて、前を見なくちゃ」とお説教**

をしています。

ドラえもんタイプの人は、このような「君は～しなきゃ」といった声かけをやりがちです。こうした声かけは、相手に不快感を与えることが多く、あまり効果はありません。しかし、言っている本人には悪気はないため、「もっと相手の気持ちを考えた方がいいよ」とアドバイスしたとしても、「なんで自分が怒られるんだ？」と思われるだけです。

デリカシーのない発言をする人には、まずは「コミュニケーション・スキル」を身につけてもらう方が簡単です。

ドラえもんの発言がのび太君の耳に入らなかったのは、**ドラえもんの態度が極めて指導的・教育的で「のび太君がそのように思った理由」に気持ちを向けなかったため**でしょう。のび太君は、そのような時に、おばあちゃんの母性的・受容的な話を思い出して、何とか自力で立ち上がるようになりました。

数ある心理テクニックの中でも「アイ・メッセージ」は具体的で簡単な部類に入ります。そこで、「その服、似合ってないよ」とか、「あの人は君のことが嫌いなんだね」などと、**デリカシーがない発言で相手を傷つけてしまうことの多い相手に対しては、「まず『私は～』から話をはじめると、トラブルが起きにくくなるよ」**といった声かけから始めていくといいでしょう。

【ドラえもんタイプの伸ばし方――④】

トラブルになった時に人を頼れない人

～「ネズミとばくだん」（てんとう虫コミックス７巻）より～

突発的なトラブルが生じても人を頼らず、自分１人の力で対処しようとする人は多いものです。それでトラブルが解決できればいいのですが、時にはかえって問題が大きくなってしまうことも……。そうした行動はどうすれば改善させることができるのでしょうか。


ネズミを見て、大声をあげながら部屋に飛び込んできたママ。

「どうもね。おとながあんなにうろたえるとみっともないもんだね」

とドラえもんは言いますが、彼の足元にもネズミが……。

「……………！　ネズミだ‼」

ドラえもんは飛び上がって部屋に逃げ込みました。

後を追ったのび太君とママが部屋のドアを開けると、「ズダダダ……」と機銃掃射が……。間一髪、直撃を免れたのび太君が部屋の中をのぞき込むと、ドラえもんが機関銃を構えています。

「1分でも早く、おそるべきネズミをたいじして、平和な家をとりもどそう」

ドラえもんはそう言うと、「一発で戦車を吹き飛ばす」という「ジャンボ・ガン」をのび太君に、「一瞬のうちに鉄筋のビルを煙にしてしまう」という「熱線銃」をママに手渡しました。

こんな兵器を使うと、ネズミだけでなく家も吹き飛んでしまいます。しかし、声をかけただけで機関銃を乱射するほど気が立っているドラえもんには、コミュニケーションが通じません。

「こんなにさがしたのにあらわれない。だが、どこかにいることは、たしかだ。考えただけでも、ぞっとする」

ついに錯乱したドラえもん。かの有名な反則アイテム「地球はかい爆弾」を取り出し、

「フヒーッ、ヒ、ヒ、ヒ、ヒ」

と起動準備に入ります。

「きみの勢いにおどろいて、ネズミはにげていったよ」

のび太君のとっさの一言で、破壊神になりかけていたドラえもんの目がようやく目覚めます。

そして2人は「怖がってなんかいられない」と、力を合わせてネズミを退治しようとします。

＊　＊　＊

それはドラえもんにとって悪夢の響きです。

彼は典型的な「ネズミ恐怖症」なのですが、恐怖症については**「暴露療法」とよばれる心理療法を使用する**ことが多くあります。

これは簡単に言うと、まずは「ストレスが小さいもの（たとえば、ネズミの写真など）」から徐々に慣れさせ、次第に「ストレスの大きいもの（ネズミのぬいぐるみ→ネズミのラジコン→子ネズミ→親ネズミなど）」にシフトしていくことで恐怖症を克服させようというものです。

ドラえもんのような「恐怖症」を持つ方がいる場合は、「行動療法」に関する書籍を探すことをお勧めいたします。

……とはいえ、恐怖症の話は今回のテーマとは関係がないので、本題に入りましょう。

「ドラえもんタイプ」の人は「他人の問題に介入するのが好き」という面がありますが、その一方で「自分自身の問題については、対処が得意ではない」という場合が意外と多く見られます。

このタイプの人は、長い経験から**「人を援助するスキル」は有しているのですが、他人を頼る経験が少ない分、「人に援助を求めるスキル」が十分に育っていない**傾向があるからです。

交流分析の用語に**「人生脚本」**というものがあります。

簡単に言えば「人間が無意識のうちに演じる脚本」です。人は誰しも過去の体験や現在おかれた状況から、「何者かである」ことを演じています（この本を手にとっているみなさんも例外ではありません）。

さて、ここに幼い頃からなんでもそつなくこなしてきた人がいたとします。

その人はどんな「人生脚本」を演じるでしょうか。昔から周囲のデキない人を手助けしてきたとしたら、おそらくその人は**「常に頼られる人間」**という役割を演じていることでしょう。そうした役割の人は、なかなか周囲を頼ることができないのです。

このような「人を頼れないタイプ」はトラブルが起きたとしても、

「大丈夫です！　何とか自分で解決します！」

「このくらいなら、ちょっと時間をかければすぐに何とかできます！」

と、意地を張って自分で何とかしようとしてしまいます。ドラえもんも、

「ネズミが怖いから、やっつけてよ！」

と頼めていれば、世界を道連れにネズミを葬り去ろうとはしなかったことでしょう。

では、「ドラえもんタイプ」の人がトラブルを起こした時に、どのように接したらいいのでしょうか。

援助を求めない人の場合、**「相手から批判されること」への恐れを抱えている可能性があります**。人を頼ると、いままで築き上げた「自己イメージ」が批判され、崩れてしまうのではないかとの思い込みがあるのです。

そのため、

「○○しないと、その企画は通らないよ」

「△△さんを通さないと、あの上司はますます怒るよ」

といった**「ネガティブな声かけ」を行うと、かえって逆効果になります。「この人と話すと嫌な気分になる」と感じて、ますます頼らなくなってしまう**可能性があるからです。

そこで、

「○○したら、その企画はうまくいくと思うよ」

「△△さんを通して話をすれば、上司も気持ちが落ち着くんじゃないかな」

といった形で**「ポジティブな声かけ」を行っていく**と、その人も周囲を頼りやすくなっていくことでしょう。

……とはいえ、あくまでも**これは対症療法的な方法**であり、その人の「人生脚本」を治すには至らないかもしれません。一番の解決策は、その人自身が「自分の演じている人生脚本」に気づいていくことなのです。

【ドラえもんタイプの伸ばし方―⑤】

余計なことに口出しする人

〜「ミチビキエンゼル」（てんとう虫コミックス３巻）より〜

仕事上の重要事項ならともかく、どうでもいいようなことにまで口出しをされると、嫌な気分になるものです。余計なことにまで口を出してくるお節介なタイプと接する際は、相手が持つ「支配欲求」を満たしたうえで、「好意の互換性」の原理を使うと、うまくいくことがあります。

「ハクション！」

その声の主はドラえもん。信じられないことですが、ドラえもんは風邪を引いてしまったようです。

ドラえもんはのび太君から「重大な問題」が生じたと呼び出されていました。指定された交差点に行くと、道の真ん中でのび太君がなにやら考え込んでいました。なにがあったのか尋ねると、「明日はテストがあるけれども、いまからしずかちゃんに遊びに誘われている。左に行く（家に帰って勉強する）か、右に行く（しずかちゃんの家に行く）かで悩んでいる」といったことを言いました。

あきれたドラえもん。大きなくしゃみ（これは重要な伏線です）をした後で、

「しかし……、かわいそうな気もする……。でも……、ちょっとは、こらしめたほうが、当人のためかも……」

と、「ミチビキエンゼル」を取り出しました。これは指にはめて相談すると、エンゼルが一番その人のためになる（と、エンゼルが思い込んでいる）答えを出してくれるひみつ道具です。

さっそくエンゼルを指にはめて、どちらに行くべきかと尋ねたのび太君。

「もちろん右です。勉強は、夜でもできるが、しずかちゃんと遊べるのは今だけだから」

エンゼルはそういうと、のび太君をしずかちゃんの家の方に導きました。

「左足から歩かないとイヌのフンを踏みます」

なかなか細かいエンゼル。次の分かれ道でも「左に行きなさい」などと指示してきます。しかし、右の道の方が近道だったため、指示を破って左に曲がると……、ジャイアンたちに遭遇して無理やり野球に誘われてしまいました。

「とちゅうでぬけましょう」

と言うエンゼル。守備につくと、エンゼルのアドバイスもあってファインプレーをすることができました。しかし、打席に立ったときに悲劇が起きます。

「こんどは、バットを肩の高さで思いっきりふりなさい。ふったら、そのまま逃げなさい」

エンゼルの指示に従い、バッドを強振すると打球が犬にぶつかり、試合がめちゃくちゃになってしまったのです。

その隙に広場から逃げ出し、しずかちゃんの家にたどりついたのび太君。

しずかちゃんと遊び始めましたが、

「ちがう！　それじゃなくて、となりのコマをすすめなさい」

「さとうは、2はいにしなさい。虫歯になるから」

「はなくそなんかほじくると、きらわれます」

「そろそろ帰りましょう」

などとエンゼルは口出しばかりします。

のび太君が無視をすると、

「ぼくは、きみのためにいうのです。ぜったいに帰るべきです」

とのび太君にアカンベエをさせ、しずかちゃんを怒らせてしまいました。

あまりのお節介ぶりに嫌気がさしたのび太君は、エンゼルを無理やり外そうとしましたが、他人でないと外せない仕組みのため、ぴくりとも動きません。ドラえもんに苦情を言おうとしますが、なんだかひどく調子が悪そうです。どうやら交差点でくしゃみをした時に、ネジを落としてしまったようです。

このままでは壊れてしまうと聞いたのび太君。エンゼルが「勉強！」「きみのためにいうのです！」と言って妨害してきますが、めげずにネジを探しました。

そこに試合をめちゃくちゃにされ、怒っているジャイアンがやってきました。ジャイアンは、ミチビキエンゼルに興味を持つと、うまい具合にのび太君から奪ってくれました。

その後、何とかのび太君はネジを見つけ、無事ドラえもんは助かりました。

最後は「きみのためです」とお節介をかけてくるエンゼルに辟易したジャイアンが、なんとかしてほしいと助けを求めてきたところでお話は終わります。

＊＊＊

よくＲＰＧの世界には「呪いのアイテム（一度つけると外すことができない）」というものがありますが、この「ミチビキエンゼル」も同類ですよね。取り出すときにドラえもんがためらっていたことを考えると、もともとこれは**『罰を与えるための道具』**なのかもしれません。

さて、このミチビキエンゼルは「きみのためです」と言っては、何をするにもあれこれと口を出してきます。ドラえもんもよくのび太君に小言をいいますが、その強化版と言えばいいでしょうか。第2章で紹介した「厚意を押しつけ、断ると怒り出す人」にも似ておりますが、こちらはどちらかと言えば「お小言」が多いタイプに当たります。

仕事や進路など「重要なこと」ならまだしも、このおせっかいロボのように、

「タバコは止めた方がいいよ」

「塩分の取りすぎは気を付けた方がいいですよ」

「今は定期預金は金利が安いから○○の商品がお勧めだよ」

と、本人にとってどうでもいいことにまで口出ししてくるようだと、聞いている方もイライラしてしまうことでしょう。

このような人の内面には**「相手を意のままにコントロールしたい」という支配欲求がある**可能性があります。

日常のささいなことにまで口を出してくるのは、こちらを「思う通りに動かしたい」と

いう気持ちの表れかもしれません。こうした心の動きは裏を返せば「相手のことがよくわからないことへの不安」の表れととらえることもできます。

そのため、小言をいう人にただいたずらに反抗するだけでは、ほとんど効果はありません。むしろ嫌な顔をしていると「この人は自分のことを嫌っているのかもしれない」といった不安に駆られて、人間関係に亀裂が入ってしまう可能性もあります。

支配欲求から小言をいう人と接するときは、まず**「相手の支配欲求を逆に満たしてやる」**ことが重要です。たとえ余計な口出しだったとしても、「アドバイスありがとうございます」と素直に返し、そのうえで「やり返す」のではなく、相手が持っている能力・知識面に目を向けるのです。

そして、相手の能力について「○○さんのアイディアを実践してみたら、うまくいきました」といったかたちで承認を与えるようにしてみてください。こうしたことを積み重ねていくと、相手は「この人は自分のことを評価しているのだな」と感じ、「この人とならばうまくやっていけそうだ」と思うようになるはずです。

そのような関係を築くことができれば、小言をいわれた際に多少文句を言っても大きな問題は起こりません。むしろ、相手は「この人に好かれないい言動をとることはやめよう」

と考え、小言の数は減っていくことでしょう（好意を持って接すると、相手もこちらを好きになるという**「好意の互恵性」の理論**です）。

また、自分が言い返したりすることが苦手な「しずかちゃんタイプ」であると思うならば、**「アサーション」**の方法を試してみたり、あるいは**「ストレス・コーピング（ストレスを解消する方法）」**を模索する、もしくは**「SST（ソーシャル・スキル・トレーニング）」**について調べてみるのも有効です。

なにかと耳に痛い小言ですが、その裏には「良かれと思う気持ち」があるのもまた事実。自分にあった方法を見つけて、ストレスのない良好な人間関係を築いてください。

【ドラえもんタイプの伸ばし方―⑥】

なぜか指導することが苦手な人

〜「ションボリ、ドラえもん」（てんとう虫コミックス24巻）より〜

プレーヤーとしては優秀でも、なぜかトレーナーになるとうまくいかない人がいます。「ヘルプ」と「サポート」は、似ていますが実際は違うもの。良いトレーナーになるには、どんなことを心がければいいのか。そのコツをドラミちゃんに聞いてみましょう。

いつものようにドラえもんとのび太君が喧嘩をしておりました。

それを未来から見ていたセワシ君は、ドラえもんをのび太君のもとに送ったのを間違いだと思うようになりました。

「のび太のめんどうみるのはたいへんなんだ。もう、うんざりだよ。未来の世界へ帰りたい」

そう言って嘆くドラえもん。のび太君の面倒は、ドラミちゃんが見ることになりました。

そして、ドラミちゃんの名サポーターとしての実力が発揮されます。

のび太君は体育の授業で長距離走をしていました。いつものように周回遅れで苦しんでいます。

その姿を上空から見て、

「『かくれマント』で姿をけして、あとおしするか、それとも『おならロケット』をとりつけて……」

と思うドラえもん。

「だめよ、自分の力でやらせなくちゃ」

ドラミちゃんはそう反論しました。そして取り出したのが、「自信ヘルメット」です。

これは「周囲の言うことが、自分にとって都合のいいものに歪曲されて聞こえる」という ある意味危険な道具です。これを被ったのび太君、苦しみながらも周囲の言葉に励まされ、無事に完走することができました。

学校が終わり、帰宅したのび太君は、

「なんかおもしろい遊び道具はないの」

とドラミちゃんに尋ねました。そこでドラミちゃんは問題集に「クイズパズル光線」を照射しました。これは「光線を当てた宿題がクイズブックやパズルブックのように見える」という道具です。その影響もあり、珍しく自主的に宿題をしたのび太君。あっさりとすべて終わらせ、外に遊びにいきます。ドラミちゃんの道具「ハッスルねじ」の効果もあって、しずかちゃんから「いきいきしているわね」と褒められました。

その様子を見たセワシ君は、ドラえもんに世話役を交代するように言いました。

しかし、それを知ったのび太君は、

「いやだ‼　ぜったいに帰さない‼　これからはいうことをきくよ。ひるねしない！　宿題もする！　だから！　お願いだから！」

と猛反対しました。喧嘩ばかりしていても、２人は仲良しだと気がついたセワシ君は、長い目で２人を見守ることにしました。

＊　＊　＊

ここでは、ドラえもんの妹であるドラミちゃんの行動に注目してみましょう。

困っている人を支援する方法には「ヘルプ（困っている人を助けてあげること）とサポート（困っている人が自力で解決できるよう手助けすること）がありますが、ドラミ

ちゃんの行っているのは後者の「サポート」です。

ドラミちゃんが取ったサポートは大きく分けてふたつあります。**ひとつは「自己効力感」を身に付けさせたこと、もうひとつは「リフレーミング」を行ったこと**です。

「自己効力感」とは心理学者のアルバート・バンデューラが提唱した用語で、「自分ならやるべきことができる」と強く思う力のことです。バンデューラによると、自己効力感を高める方法には、

①達成体験――自分で何か成功した体験を行うこと
②代理経験――自分以外の誰かが成功するのを見て「自分でもできるんだ」と思うこと
③言語的説得――自分にはできるということを何度も説得されること
④生理的情緒高揚感――薬物などによる精神の高揚

の4つがあるとしています。

このお話のケースでは、ドラミちゃんはのび太君に自信へルメットを装着させることで、「③言語的説得」を行い、のび太君を「自分で最後まで走れる」という気持ちにさせました。

本来、言語的説得による自己効力感は長続きしないものですが、のび太君は長距離走を最

後まで走りきったことで「①達成体験」も同時に得ることができました。この経験があれば、次回以降はひとりで走り切ることができるでしょう。

ドラミちゃんがとったもうひとつの行動、「リフレーミング」とは「物事に対する考え方を変える」ことです。のび太君にとって学校の宿題は、「つまらなくて見ただけで嫌になるもの」でした。それを「クイズパズル光線」を使ったことで、「見たら思わず解きたくなるもの」に変えました。宿題に対する見方が変わったことがきっかけで、のび太君は進んで宿題を解こうという気持ちになったのです。

この2つの方法は、ビジネスの場でも非常に有効です。

まず、前者の「自己効力感」について。

なかなか自分に自信を持てずに尻込みするタイプの相手には「君ならできるよ」と信頼を寄せることが大切です。その上で、**同時に本人がこなせる程度の課題を出し、成功体験を積ませる**ようにしてください。それを繰り返していくうちに次第に積極的な提案を行えるようになることでしょう。

次に後者の「リフレーミング」について。これは自分に対して使うのもいい方法です。

たとえば、自己主張が強くなかなか言うことを聞かない部下がいたとします。そのような場合、**「頑固で自分勝手」**という考え方をすると、自然にその部下に対する態度も冷たいものになってしまいます。しかしそれを逆に**「自分をしっかりと持っており、意見を行える胆力がある」ととらえ直したらどうなるでしょうか。**おそらく「もしかしたら、こだわりが必要な仕事は得意なんじゃないか？」など、**その部下に対する新しい考え方が生まれてくる**と思います。

指導が苦手な人は、案外、こうしたことを考えずに、

「お前は、○○だからダメなんだ！」

と感情的に相手を批判したり（『自分にできることは他の人にもできる』と考えてしまう人は特にその傾向が強い）、あるいは、

「それなら、俺がやってやるよ」

と、「ヘルプ」ばかりしてしまう傾向があります。作中の行動を見ればわかりますが、ドラえもんもこのタイプに含まれるといってもいいでしょう。

「自己効力感を強める力」と「リフレーミング」は指導的立場にいる人にこそ使っていただきたいテクニックです。「ヘルプマン」に陥っている人物がいたら、このふたつの方法を実践するように働きかけてみてはいかがでしょうか。

【ドラえもんタイプの伸ばし方──⑦】

共依存してしまう人

～「森は生きている」（てんとう虫コミックス26巻）より～

最後に「共依存」の問題について触れておきます。共依存とは簡単に言うと「過剰なまでにお互いに依存し合うこと」を指します。共依存は親子関係（「親離れ、子離れできない」）でよく見られますが、実はビジネスの場でも見られることがあります。

いつものように学校の裏山にいるのび太君。彼はつらいことがあると必ず裏山にくるようです。そのため、ごみが捨ててあったりすると自分の部屋を汚されたような気分になり、ごみを処分することもありました。

それを見て感心したドラえもんは「心の土」を取り出します。これは山と心を通い合わせることができるという道具です。さっそく裏山に撒いてみると、木の葉が集まり、のび太君のためのベッドになってくれました。

そして次の日ものび太君は裏山に。

ごみの見回りをしながら森とコミュニケーションをとっていました。大木がベッドになってくれたり、おいしい木の実をくれたり、小鳥が子守唄を歌ってくれたり、と何不自由ない生活。

次第にのび太君は友人との関係も拒み、1人で山にこもるようになってしまいます。

心配したドラえもんは、

「山より友だちと遊べ。ひるねばかりしてないで、勉強もしろ（原作のドラえもんは、アニメよりかなり口調が荒いです）」

と説得しますが、のび太君は聞き入れてくれず、山が呼び出した鳥に追い返されてしまいました。

その日、遅くに帰ってきたのび太君。ママはそんなのび太君を頭ごなしに叱りつけます。それが決め手となり、**のび太君はずっと裏山と暮らすことに決めました。そのことを聞いた裏山は、ハートの木の葉を散らして喜びました。**

それを知ったドラえもんはのび太君を連れ戻すために「心よびだし機」で山の心に直談

判をすることにしました（ちなみに、『山の心』は女性のような恰好をしています。『山の神様は女性である』という伝説からきたのかもしれません）。

ドラえもんは現れた山の心に「のび太を、これ以上近づけないでほしい」と頼みます。

「**いやよ。あたし、のび太くんが大すきだもん。**帰りなさい！　おそろしいめにあわせるわよ」

山の心はそう言って反発します。

それでもドラえもんはあきらめず、ひざを突いてお願いします。

すると山の心は急に姿を消しました。

そこに現れたのび太君にドラえもんは、

「たべて生きてるだけでいいのか‼　こんなことつづけてたらきみはだめになっちゃう‼かならずだめになるぞ‼」

と訴えます。

のび太君はこの言葉に激しく怒り、山に命令して、ドラえもんを追い払わせようとします。しかし、山はなぜか、**逆にのび太君に蜂をけしかけ、山から降ろしてしまいました。**

ドラえもんはそれを見てこうつぶやきました。

「ありがとう……。きみ、ほんとにのび太がすきだったんだね」

＊＊＊

……私はこの話がドラえもんのすべての話の中で一番好きです。

拒絶されてもなお見捨てず、必死にひざまでついて説得するドラえもんの愛情。

傷つけられて社会から引きこもろうとするのび太君の弱さと人間らしさ。

そしてなんといっても、愛するがゆえにのび太君を追い出した「山」の想い。

ドラえもんが好きな人は、絶対にこの話は読んでいただきたいと思います。

……と、最後なので熱く語ってしまいましたが、この**「山」とのび太君の関係は一種の「共依存」**になっております。

のび太君は裏山の世話を行うことに満足感を覚え、そして裏山はそんなのび太君の世話をする関係に満足する。これだけならそこまで問題はありませんが、**お互いに精神的な繋がりまでも依存し合うことになってしまい、結果的にのび太君は社会との繋がりを失おうとしていました。**

直談判の時、かりにドラえもんが諦めてしまっていたら、「社会性を失ったために裏山でしか生きられない」のび太君と「そんなのび太君を甲斐甲斐しく世話をすることで自己満足する裏山」という立派な共依存関係が生まれたことでしょう。

共依存は現実の世界でもよく見られる関係です。

よくある共依存の例を挙げるなら、「収入がなくて彼女に経済的に頼り切っている男性」と「そんな男性の世話をすることで、自分の存在意義を見出そうとする女性」の組み合わせなどでしょうか。ビジネスの場面でいうならば、**「ダメな部下とその世話をする上司」といったかたちが共依存の典型例**になります。そうした関係を改善する方法は、結局のところ「お互いがこのままではいけない」と自覚することが重要になります。

このお話のケースでは、ドラえもんが必死になって森の精を説得しました。

それが**「山の心に自分の内面とのび太君の将来を見つめ直させる」ことにつながり、共依存関係を終わらせた**のだと思います。彼女の取った行動のように、**「物理的に距離を置く」ことも共依存関係を脱する有効な方法**になります。

さて、ここまで読んだ人のなかには、

「ドラえもんとのび太君の関係も共依存じゃないか？」

と思われる人もいることでしょう。

たしかにコミックス初期のドラえもんとのび太君は「ダメ人間」と「それを保護する人」の関係でした。ですが、巻数を重ねるにつれ、**のび太君はダメな人間ながらも少しずつ反省を積み重ね、ドラえもんも単なる「保護者」ではなくなっていきます。**

そして「大人になり、自立して家庭を築いたのび太君」のところにはドラえもんはいませんでした。

もしも彼らが本当に共依存の関係だったなら、ドラえもんはきっと未来に帰らなかったはずです。

「完璧な関係」でなくとも、彼らのような**「ほどほどに良い関係」**を築くことができれば……、周囲との人間関係もきっとうまくいくことでしょう。

【おわりに】

のび太君は「良い子」か、「悪い子」か？

いかがでしたか？

この書籍では、

「のび太の結婚前夜」

「帰ってきたドラえもん」

といった知名度の高い作品はあえて使用しませんでした。

その理由は、有名でなくともおもしろい話を載せて、「『ドラえもん』というマンガのおもしろさ」を再発見していただきたいと思ったこと、そしてなにより「ドラえもんに登場するキャラクター」のことをもっと知っていただきたかったからです。

『ドラえもん』といえば、なんといっても主人公の『のび太君』です。

彼に対する評価は、世間では大きく3つに分かれています。

①「能力は高くはないが、優しくて良い子。いざというときには力強くてかっこいい面もある。しずかちゃんも、彼女のパパも彼のことをよくわかっている」

②「ぐうたらで他力本願。甘えん坊で自分勝手。欲が深くて小狡い。優しい一面はしずかちゃんくらいにしか見せないので、しずかちゃんのパパは騙されているに違いない」

③「良い子ではないけれど、かと言って悪い子でもない。調子に乗りやすかったりするけれど、反省もする。しずかちゃんのパパの評価も、あながち間違いではないだろう」

私は「③」なのですが、どれも正しい評価だと思います。

このように、同じ人物でも見方によって評価は様々に分かれます。

自分の好きな人の悪口を言われたり、逆に嫌いな人が褒められたりしていると、なんとなく腹が立つ気持ちはわかります。しかし、**「のび太君の評価」同様、「自分の評価が相手と違うからといって、どちらかが間違っているとは限らない」**のです。

同じく、もっとよく知って欲しいのは「スネ夫君」と「出木杉君」のことです。

賛否両論のジャイアンやのび太君とは違って、ほとんどの人はスネ夫君の人格に否定的な評価を下します。

しかし、本書で取り上げたお話だけでも、

「ジャイアンと一緒にのび太君を助けに行く」

「叱られているのを見て、のび太君を心配する」

「ジャイアンやのび太君に気を使い、100点の答案を見せびらかさない」

など、良いところがたくさんあります。とくに映画版では、腕力にも射撃にも自信がないのに、なけなしの勇気を振り絞り、みんなと一緒に戦おうという男気を見せます。

一方、優等生の「出木杉君」は、のび太君を比較対象にして「他人の痛みがわからない子」「弱者の気持ちがわからない子」などと散々な言われようをすることがあります（とくに二次創作では、『自分の能力を鼻にかける嫌味なキャラ』として描かれることが非常に多いです）。

しかし、原作で彼が無神経な行動をとったのは、数回しかありません。彼はむしろ、

「だれも買ってくれなかったジャイアン・リサイタルのチケットを買ってくれる」

「のび太君の誕生日祝いに、しずかちゃんとケーキを作る」

など、良い面の方がずっと多いのです。

このように**「悪いところ」にばかり目を向けると、その人そのものに対する評価も歪んでしまいます**。他人と良好な関係を築き、誰かを伸ばすための一番のコツは、**どんなに小さなことでもいいから「まずはその人の良いところを見つける」**ことです。『ドラえもん』は様々なエピソードを通して、そのことを私たちに教えてくれているのかもしれません。

本書ではコミックス版の『ドラえもん』のお話を紹介しましたが、アニメや映画、スピンオフ作品にもおもしろいものはたくさんあります。

本書を読んで興味を持った方は、もう一度、読み返してみることをおすすめします。

■参考文献・資料

藤子・F・不二雄『ドラえもん　全45巻』（てんとう虫コミックス・小学館）
藤子・F・不二雄『大長編ドラえもん　全24巻』（てんとう虫コミックス・小学館）
藤子・F・不二雄『ドラえもん　プラス全6巻』（てんとう虫コミックス・小学館）
佐々木正美、梅永雄二監修『大学生の発達障害』（講談社）
杉山登志郎、辻井正次監修『発達障害のある子どもができることを伸ばす！』（日東書院）
森孝一『ADHDサポートガイド――わかりやすい指導のコツ』（明治図書出版）
笠原麻里監修『子どもの心をストレスから守る本』（講談社）
桂戴作『交流分析入門』（チーム医療）
中村延江他『図解＆ワークでわかる・身につく初学者のための交流分析の基礎』（金子書房）
佐々木正美監修『アスペルガー症候群（高機能自閉症）のすべてがわかる本』（講談社）
矢部武『間違いだらけの「いじめ」対策――傍観者を変えれば「いじめ問題」は解決する！』（PHP研究所）
司馬理英子『のび太・ジャイアン症候群3　ADHD　子どもが輝く親と教師の接し方』（主婦の友社）
レン・スペリー著、近藤喬一他訳『パーソナリティ障害：診断と治療のハンドブック』（金剛出版）
市橋秀夫監修『パーソナリティ障害（人格障害）のことがよくわかる本』（講談社）

岡田尊司『パーソナリティ障害がわかる本～「障害」を「個性」に変えるために～』（法研）
メラニー・A・ディーン著、中村伸一他訳『BPD　境界性人格障害のアセスメントと治療』（金子書房）
樋口進監修『ネット依存症のことがよくわかる本』（講談社）
石川洋子編『子育て支援カウンセリング～幼稚園・保育所で行う保護者の心のサポート～』（図書文化社）
齊藤勇『図解雑学　恋愛心理学』（ナツメ社）
「康平ページ　数学ネタ　第三回　ジャイアンは音痴なのか？」
(http:homepage3.nifty.com/kouhei1016page/Math/Math003.HTM)
ドラえもん研究サイト「のびダス」（http://www.hatosan.com/dora/）

■ 著者紹介

小林奨（こばやし・しょう）

東京都生まれ。中央大学法学部卒業後、大手印刷会社に入社。在職中、会社のメンタルヘルスについて考える中で心理学に興味を持ち、より専門的に学ぶために会社を退職。その後、都内の心理系大学院に進学し、交流分析をはじめ、様々な理論を学ぶ。「多くの人の役に立てる本」「一人だけでなく、大勢で読みたくなる本」を書くために、従来「恋愛心理学」「ビジネス心理学」の世界で使われてきた「社会心理学」をはじめとした、幅広い理論や知識を活かしたライター業を行っている。無類の猫好き。お酒は好きだが、あまり飲めない。

著書に『「なぜか許される人」がやっている24の習慣』『「らく」に生きる技術』『「SLAM DUNK」に学ぶ「癖のある部下」の活用術』（彩図社）、『「ブラックジャックによろしく」から読み解く　面倒くさい人と上手につきあう心理学』（こう書房）などがある。

「ドラえもん」に学ぶ ダメな人の伸ばし方

2021年7月7日 第1刷

著　者　小林奨

発行人　山田有司

発行所　株式会社　彩図社
東京都豊島区南大塚3-24-4
MTビル　〒170-0005
TEL:03-5985-8213　FAX:03-5985-8224
https://www.saiz.co.jp
https://twitter.com/saiz_sha

印刷所　新灯印刷株式会社

　ISBN978-4-8013-0531-1 C0136

本書は2014年7月に出版された『「ドラえもん」に学ぶダメな人の伸ばし方』を加筆修正のうえ、文庫化したものです。